Inhaltsverzeichnis

Vorwort

Hokus, Pokus, Fidibus – dreimal schwarzer Kater …! Wer kennt sie nicht, diese mit dunkler Stimme gemurmelte Hexen- oder Zauberformel, die uns früher schon einen kalten Schauer über den Rücken gejagt hat. Auch heute noch verbinden Erwachsene und Kinder die Hexerei und Zauberei mit Staunen, Spannung und ein bisschen Gruseln. Besonders für Mädchen und Jungen in der Vorschulzeit gibt es eine offene Grenze zwischen Fantasie und Wirklichkeit. In ihrer Kinderwelt begegnen sie Figuren, die uns Erwachsenen verborgen bleiben: Trollen und Elfen, Zwergen und Riesen, Geistern und Gespenstern, Hexen und Zauberern, aber auch sprechenden Tieren und wispernden Pflanzen. In dieser Zeit des „magischen Alters" brauchen Kinder das Spiel und die Auseinandersetzung mit fantastischen Figuren und Themen, um sich gedanklich, aber auch handelnd, mit einer zauberhaften, einer verhexten Welt auseinanderzusetzen und sich darüber der Wirklichkeit immer mehr anzunähern.
Die Welt der Hexen und Zauberer mit ihrem alten Wissen um verborgene Zusammenhänge und geheimnisvolle Heilkünste übt auf Mädchen und Jungen gleichermaßen eine besondere Faszination aus. Hexenkunst und Zauberei versetzen sie in Staunen, vermitteln aber dann, wenn sie diese „Magie" be-„greifen" und durchschauen, auch Stärke und Kraft.
Für die Mädchen und Jungen ist es interessant und aufregend zugleich, in das Reich der Hexen und Zauberer zu versinken. Sie brauchen

- Mut, sich auf das Unheimliche dieser Gestalten einzulassen und ihre damit verbundenen Gefühle zuzulassen.
- Worte und Zeichen, ihre Gefühle auszudrücken.
- Neugierde und Wissensdurst, um verborgene Zusammenhänge zu erforschen, zu begreifen und zu verstehen.
- Fantasie und Vertrauen, um sich fremde Welten spielerisch zu erschließen und eigene, imaginäre Abenteuer darin zu bestehen.

In der vorliegenden Projektmappe finden Sie eine Vielzahl an detailliert vorbereiteten Anregungen und Ideen, wie Sie im Rahmen eines Projektes mit den 3–6-jährigen Kindern in Ihrer Kindertageseinrichtung das Thema „Hexen und Zauberer" handlungsorientiert und unter Berücksichtigung der verschiedenen Erziehungs- und Bildungspläne der Länder erarbeiten können. Einige Aktivitäten richten sich auch an die Zielgruppe der 1–2-jährigen Kinder oder können an dieses Alter angepasst werden, z. B. ein Fingerspiel, Singspiele, der Einsatz von Naturmaterialien, einfache Bastelangebote ...

Alle Vorschläge sind einem Bildungsbereich zugeordnet, berühren aber immer mehrere Bereiche und greifen ineinander. Somit ist die Zuordnung nicht starr, sondern eher fließend zu verstehen. Je nach Zielsetzung und Schwerpunkt der Erzieherin[1] können einzelne Aktivitäten auch einem anderen Bildungsbereich maßgeblich zugeordnet werden. So kann z. B. eine Mathematikaufgabe auch der Wahrnehmungsförderung dienen oder ein Bewegungsspiel kann sowohl dem Bereich „Körpererfahrung und Bewegung" als auch dem Bereich „Sozialerfahrungen" entsprechen.

Zu jeder Aktivität im Heft erhalten Sie eine ausführliche Arbeits- bzw. Spielanleitung, eine Materialliste und ggf. Kopiervorlagen zur Erstellung von Arbeitsmaterial. Außerdem finden Sie Angaben zur Altersstufe und Gruppengröße für die jeweiligen Angebote sowie Hinweise, ob ein Angebot für begabte Kinder oder zum Einsatz in einer Lernwerkstatt geeignet ist.

Ihnen und Ihren Jungen und Mädchen in der Kita wünschen wir eine spannende, wundersame, märchenhafte Zeit im Reich der Hexen und Zauberer.

Über Ihre **Hexenpost** mit Rückmeldungen und Ihrer Meinung zu diesem Projektheft freuen wir uns:
Birgitt_Lokan@t-online.de

[1] Aus Gründen der besseren Lesbarkeit wird im Folgenden auf eine sprachliche Differenzierung der weiblichen und männlichen Bezeichnungen verzichtet. Da die Erzieher in Kindertageseinrichtungen zumeist weiblich sind, haben wir uns hier für die weibliche Form entschieden. Selbstverständlich sind stets beide Geschlechter angesprochen.

Vorbemerkungen und Arbeitshinweise

Zu den verwendeten Symbolen

Bildungsbereiche (jeweils das äußerste Symbol oben rechts auf den Arbeitsblättern):

 Sprachliche Bildung

 Musikalische Bildung

 Ästhetische Erziehung

 Umwelt-, Sach- und Naturbegegnung

 Gesundheit und Ernährung

 Mathematische Bildung

 Feste und Feiern

 Wahrnehmung und Entspannung

 Körpererfahrung und Bewegung

 Sozialerfahrungen

Sonstige Symbole:

 geeignet für eine Lernwerkstatt

 geeignet für die Begabtenförderung

 für Unter-3-Jährige geeignet

Layout:

- Die Seiten mit dem **Kessel** im Layout unten rechts sind für die Erzieherin gedacht.

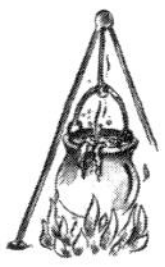

- Die Seiten mit der **Hexe** und dem **Zauberer** unten rechts sind Arbeitsblätter, die direkt mit den Kindern bearbeitet werden können.

Organisatorisches

Tischspruch zum Mittagessen:
Schnix, schnax, schnexen,
alle Blocksberghexen
sitzen hier im Kinderhaus
bei einem leck'ren Mittagsschmaus.
Auch die Zauberer essen mit!
Wir wünschen allen „Guten Appetit"!

Wissenswertes zum Thema „Hexen und Zauberer"

Wortherkunft „Hexe":
Mit Hexen und Zauberern verbindet man seit jeher etwas Unheimliches, Magisches, mit dem normalen Verstand nicht Fassbares. Im Volksglauben galt die Hexe lange Zeit als eine weibliche Person, die zwar über heilende Kräfte verfügte, aber auch Unheil bringen konnte und – was ihr besonders zur Zeit der Christianisierung angehängt wurde – mit dem Teufel im Bunde stand. Sehr gut bekannt sind zudem die Hexenverfolgungen, bei welchen Frauen und Männer als „Hexen" oder „Hexer" bezeichnet und unter dem Vorwurf der Zauberei verfolgt, gequält und ermordet wurden.
Die Wortherkunft des Wortes „Hexe" ist nicht genau bestimmbar. Einige Theorien leiten das Wort vom althochdeutschen „hagazussa" ab, wobei „hag" so viel wie „Hecke" bedeutet und der zweite Wortteil möglicherweise vom germanischen Wort für „guter/böser Geist" abstammt. Dies weist darauf hin, dass Hexen meist außerhalb eines Dorfes wohnten, inmitten der Natur, im Wald. Sie waren sehr naturverbunden und davon überzeugt, dass alles in der Natur geheime Kräfte besitzt, die dem Menschen nützlich und hilfreich sein können. Doch es waren nicht nur Frauen, die sich in der Kräuterkunde auskannten, sondern durchaus auch Männer, denen man Zauber- und Heilkräfte zuschrieb. Das erklärt auch ein wenig unser

Vorbemerkungen und Arbeitshinweise

Bild von Hexen und Zauberern, die in großen Töpfen und Kesseln Heilkräuter kochen und Mixturen zusammenrühren, die dann als Heilmittel an Mitmenschen weitergereicht werden. Einen kleinen Hauch davon können Kinder beim Herstellen von Seife erleben.
Wir haben uns für die Arbeit mit Kindern von dieser sehr positiven, naturverbundenen Erklärung leiten lassen, die wir nicht nur auf den Begriff „Hexe“ anwenden wollen, sondern die auch ein positives Bild vom meist großen und mächtigen Zauberer, als Identifikationsfigur für die Jungen, zeichnet.

Tipps und Anregungen zu den einzelnen Angeboten

Allgemeine Information zu dem Bereich „Sprachliche Bildung“:
Auf der Seite 30 basteln die Kinder ein Zauberschloss, das für mundmotorische Übungen genutzt werden kann.

Zu „Wir denken uns einen Hexen- oder einen Zauberernamen aus“, S. 7:
Die Vorlage bitte bei Bedarf hochkopieren.

- Mögliche **Hexennamen** wären z. B.: Raffelgunde Besenstil, Kunigunde Pfefferkraut, Amalia Binsenkraut, Eulalie Blinzelauge, Esmeralda Schrumpelzunge, Petrolina Gernegroß, Karolina Schneckenfuß, Irmeltrude Krähenfuß
- Mögliche **Zauberernamen** wären z. B.: Ambrosius Pfefferzahn, Blasius Wurzelschuh, Hyronimus Donnerstag, Ludgerus Wurzelschreck, Alfredo Unkenbein, Lorenzius Drachenstein, Bogislaus Donnerkraft, Zacharias Felsenstein

Zu „Aus zwei mach eins“, S. 14:
Sie können die Bilder auch auf Spielkartenformat vergrößern, farbig gestalten und laminieren. So erhalten Sie ein dauerhaftes Spiel für die Gruppe.

Zu „Spiellied: Ich bin die kleine Hexe“, S. 16:
Material: 1 Hexenbesen (Gymnastikstab)
Spielanleitung: Alle Kinder sitzen oder stehen im Kreis. Ein Kind darf als kleine Hexe auf dem Besen im Kreis tanzen. Bei der zweiten Strophe sucht es sich ein Kind aus dem Kreis aus, das sich hinter die kleine Hexe auf den Besen setzt. Gemeinsam tanzen sie nun im Kreis herum. Der Satz „Diesen Besen bitte sehr, geben wir dir gerne her“ wird im Anschluss an die zweite Strophe vor einem Kind gesprochen, das bei einem erneuten Durchgang die neue kleine Hexe wird.
Dieses Spiel fördert die Kooperation und Koordination von Bewegungen. Es ist empfehlenswert, das gemeinsame Fliegen auf einem Besen vorher in eine Bewegungsstunde zu integrieren, sodass die Kinder es schon einmal üben können.

Zu „Klanggeschichte: Pimpernelle und das Gute-Laune-Kraut“, S. 18 / 19:
Das Rezept zu dem „Gute-Laune-Quark“ finden Sie auf der Seite 34.

Allgemeine Information zu dem Bereich „Ästhetische Bildung“, ab S. 20:
Fotografieren Sie die Materialzusammenstellung und jeden einzelnen Arbeitsschritt. Kleben Sie die ausgedruckten Fotos mit der Auflistung der Materialien bzw. mit der dazugehörigen schriftlichen Arbeitsanweisung auf DIN-A5-Karten, nummerieren Sie die Karten in der richtigen Reihenfolge und laminieren Sie diese. So erhalten Sie bebilderte Karten, die Ihre Kinder zum selbstständigen Arbeiten motivieren.

Zu „Hexentreffen“, S. 20:
Baumscheiben erhält man meist auf Anfrage beim Grünflächenamt oder in Landschaftsgärtnereien, ggf. fragt man einen Förster nach einem entsprechenden Baumstück und Eltern, die dieses dann in Scheiben sägen.

Vorbemerkungen und Arbeitshinweise

Zu „Allerlei Spinnen aus Filz", S. 20:
Trockenfilzen mit einer Filznadel ist auch schon für Kindergartenkinder eine leicht erlernbare Technik. Durch stetiges Einstechen mit einer Filznadel (oder auch mehreren, die in einem entsprechenden Nadelhalter stecken), wird Märchen- oder Schafwolle bearbeitet. Besonders wenn das Filzen in einer ruhigen Atmosphäre, bei meditativer Musik stattfindet, können die Kinder dabei wunderbar entspannen, ihre Feinmotorik üben und in kurzer Zeit eine hübsche Figur aus der Wolle gestalten.

Zu „Im Hexen- oder Zauberwald", S. 26/27:
Diese Gemeinschaftsarbeit können Sie über mehrere Tage sowohl mit einer festen Kleingruppe als auch mit der Gesamtgruppe als offenes Angebot während der Freispielzeit gestalten. Die Kinder werden – angeregt durch ein Gespräch oder eine Geschichte und die Materialvielfalt – sehr kreativ und fantasievoll tätig. Die auf S. 26 angegebene Materialaufstellung zur Ausgestaltung des Waldes dient lediglich als Anregung. Sie können natürlich auch andere Materialien sowie mehr oder weniger Auswahl anbieten. Bereits Kinder unter drei Jahren können in dieses Angebot einbezogen werden, z. B. beim Bemalen des Kartons mit Fingerfarben.
Als Einstieg können Sie eine Geschichte vorlesen, z. B. aus „Die kleine Hexe" von Otfried Preußler. Hier ist z. B. das Kapitel „Die kleine Hexe hat Ärger" sehr gut geeignet.
Bei dieser Gemeinschaftsarbeit sind der Fantasie und Kreativität der Kinder keine Grenzen gesetzt. Der fertige Hexen- oder Zauberwald fordert die Kinder im Freispiel immer wieder zum Rollenspiel auf und regt zu Veränderungen an. Die Figuren können aus den Styroporstückchen gezogen und versetzt werden oder die Kinder ergänzen ihren Wald im Laufe des Spiels mit weiteren Requisiten.

Allgemeine Information zu dem Bereich „Umwelt-, Sach- und Naturbegegnung", ab S. 31:
Die aufgeführten Experimente kann man mit den Kindern so aufbereiten, dass daraus eine spannende Zaubervorstellung entsteht.

Zu „Geheimnisvolle Seilvase", S. 31:
Lösung: Beim Umdrehen der Flasche rollt der Korken gegen den Flaschenhals und verschließt die Öffnung. Ziehen wir dann das Seil noch stramm, verkeilen sich Korken und Seil.
Tipp: Die Kinder können die Flasche zauberhaft mit Glimmer oder Hologrammfolie gestalten.

Allgemeine Informationen zu dem Bereich „Gesundheit und Ernährung", ab S. 34:
Zu den Rezepten finden Sie auf der Seite 37 Bilder mit allen bei den Rezepten verwendeten Zutaten und Haushaltsgeräten sowie Pfeilen, mit dessen Hilfe Sie die Rezepte bei Bedarf als großes Plakat gestalten können. Vergrößern Sie dazu die benötigten Bilder auf dem Kopierer. Mit den vorhandenen Bildern können Sie auch Bildrezepte auf einem DIN-A4-Blatt erstellen, für jedes Kind kopieren und in einem Schnellhefter sammeln. So erhalten die Kinder eine eigene Bild-Rezepte-Mappe. Die Mengenangaben der Rezepte reichen für Gruppen von 20–25 Kindern.

Vor jeder hauswirtschaftlichen Tätigkeit waschen sich alle Kinder und die Erzieherin gründlich die Hände und binden sich eine Schürze um.
Bei Arbeiten mit dem elektrischen Mixer sollten Kinder mit längeren Haaren ein Tuch um den Kopf binden, damit die Haare (auch Zöpfe oder Pferdeschwanz) nicht in den laufenden Mixer geraten.
Salate sowie Obst und Gemüse, die nicht geschält werden, müssen vor der Zubereitung gründlich gewaschen werden.

Allgemeine Informationen zu dem Bereich „Feste & Feiern", ab S. 45:
Zu einem Hexen und Zaubererprojekt im Kindergarten gehört unbedingt auch ein verhextes oder verzaubertes Fest. Anlässe und Möglichkeiten für ein solches Fest gibt es viele, z. B. Geburtstagsfeiern, Walpurgisfest, Sommerfest oder Abschlussfest der Maxikinder, die nach den Sommerferien eingeschult werden. Viele Spiele, Aktivitäten oder Rezepte aus diesem Heft können Sie sicher auch bei Sommer- oder Geburtstagsfesten einsetzen.

BVK KI08 • Birgitt Lokan/Helga Niggemann: Kita aktiv „Projektmappe Hexen und Zauberer"

Vorbemerkungen und Arbeitshinweise

Die „Hexenlaterne" (s. S. 45) können Sie zu verschiedenen Festanlässen einsetzen. Die Rallye eignet sich für Ihre „Großen", z. B. zum Abschied von der Kindergartenzeit oder zum Ende des Projektes. Für das Basteln bunter Hexenlaternen gibt es im Laufe des Jahres verschiedene Gelegenheiten, z. B. als Raumschmuck, um die Walpurgisnacht vom 30. April auf den 1. Mai, oder auch zur Halloweenzeit. In vielen Gegenden wird im November ein Fest zu Ehren des Heiligen Martin von Tours mit einem Laternenumzug der Kinder gefeiert, für den sie eine bunte Laterne basteln.
Zudem können Sie die Hexenlaterne als Tischlaterne oder als Beleuchtung für Lichterketten verwenden.
Zu dem Fest bietet sich auch noch folgender, lustiger Hexenreim an:

Krötendreck und Spinnenbein,
ein paar Kräuter zart und klein,
etwas Milch von deiner Ziege
und noch eine tote Fliege.
100 Blätter Waldbrennnessel,
rühr gut um im Hexenkessel.
Wenn es brodelt, spritzt und kracht,
feiern wir Walpurgisnacht (Hexennacht, Halloweennacht).

Zu „Heia, Walpurgisnacht!", ab S. 48:
Um die Aufgaben für die Hexenrallye mehrfach verwenden zu können, empfiehlt es sich, diese zu kopieren und zu laminieren. So sind sie wasserfest verpackt, können gut gelagert und immer wieder eingesetzt werden. Das spart wertvolle Planungs- und Vorbereitungszeit!

Zu „Hexenmemory", S. 69:
Diese Seite zweimal kopieren (ggf. auf feste Pappe kleben und anmalen), laminieren und die Karten entlang der Linien ausschneiden.

Tipp:
Gestalten Sie aus der Vorlage des Hexenmemorys ein Arbeitsblatt für den Bereich „Wahrnehmung und Entspannung". Kopieren Sie dazu die Vorlage doppelt, schneiden die Kärtchen auseinander und kleben Sie vier oder fünf Pärchen gemischt auf ein DIN-A4-Blatt. Dieses Blatt verwenden Sie als Kopiervorlage für ein Arbeitsblatt. Die restlichen Bildpaare können Sie als Vorlagen für weitere Arbeitsblätter benutzen. Sie können Arbeitsblätter mit unterschiedlichen Schwierigkeitsstufen erstellen, je nach Muster oder nach Anzahl der Karten, die Sie auf einem Blatt zusammenfügen.
Die Arbeitsaufgabe für die Kinder kann z. B. lauten:
Finde die Paare und male sie mit derselben Farbe an. Oder: Schneide die Karten an der äußeren Linie auseinander und klebe sie als Paar auf ein Blatt. Male Paare gleich an.

Literatur

- **L. Baeten:** Die kleine Hexe feiert Weihnachten, Verlag Oetinger, Hamburg, 1996 (ab 3)
- **L. Baeten:** Die kleine Hexe geht auf Reisen, Verlag Oetinger, Hamburg, 1999 (ab 3)
- **L. Baeten:** Die neugierige kleine Hexe, Verlag Oetinger, Hamburg 1992 (ab 2)
- **L. Baeten:** Die schlaue kleine Hexe, Verlag Oetinger, Hamburg, 2003 (ab 4)
- **G. Doherty, T. Gower:** Magisches Zauberschloss – ein Such- und Wimmelbilderbuch, Gondrom Verlag GmbH, Bindlach, 2008 (ab 4)
- **J. Donaldson, A. Scheffler:** Für Hund und Katz ist auch noch Platz, Beltz GmbH, Weinheim, 2008 (ab 3)
- **A. Frommherz, E. Günter-Biedermann:** Kinderwerkstatt Zauberkräuter. Mit Kindern die Geheimnisse und Heilkräfte der Pflanzen entdecken, AT Verlag, Aarau/Schweiz, 1997 (Sachinformationen)
- **A. Goossens, R. Schwarz:** Das große Hexen-Wimmel-Bilderbuch, OZ Verlag GmbH, Rheinfelden, 2003 (ab 3)
- **E. Hasler:** Die Hexe Lakritze, Arena Verlag GmbH, 2000 (ab 5)
- **Meyers kleine Kinderbibliothek:** Licht an! Hexen, Elfen und Gespenster, Bibliographisches Institut, Mannheim, 2008 (Sachbuch für Kinder)
- **C. Panowsky, F. Reichenstetter:** Der kleine Zauberer mit den großen Füßen, Annette Betz Verlag, Wien, 2005
- **K. Paul, V. Thomas:** Zilly, die Zauberin, Beltz GmbH, Weinheim, 2008 (ab 4)
- **O. Preußler:** Die kleine Hexe, Thienemann Verlag GmbH, Stuttgart, 1957 (ab 4)
- **B. Spathelf, S. Szesny:** Der kleine Zauberer Windelfutsch. Oder wie man die Windel loswird. Albarello Verlag GmbH, Wuppertal, 1999
- **I. Uebe:** Sieben freche Hexen. 5 Minuten Bilderbuch-Geschichten, ars Edition, München, 2005 (ab 3)

BVK KI08 • Birgitt Lokan/Helga Niggemann: Kita aktiv „Projektmappe Hexen und Zauberer"

Wir denken uns einen Hexen- oder einen Zauberernamen aus

Material:
Vorlagen (siehe unten, entsprechend der Anzahl der Kinder kopieren), 1 schwarzer Filzstift, Buntstifte, Schere, Laminiergerät und Laminierfolie, Broschennadeln (entsprechend der Anzahl der Kinder), Klebstoff oder Heißklebepistole

Einführung:
Die Kinder denken sich einen Hexen- oder Zauberernamen aus, den die Erzieherin in den Stiel des Hexenbesens oder in den Zaubererhut schreibt. Dann malen die Kinder ihr ausgewähltes Symbol bunt an und lassen es von der Erzieherin laminieren. Anschließend schneiden die Kinder ihr Namensschild aus, kleben auf die Rückseite eine Broschennadel und stecken sie an ihre Kleidung.
Schon weiß jeder, mit welcher Hexe bzw. welchem Zauberer man es gerade zu tun hat!

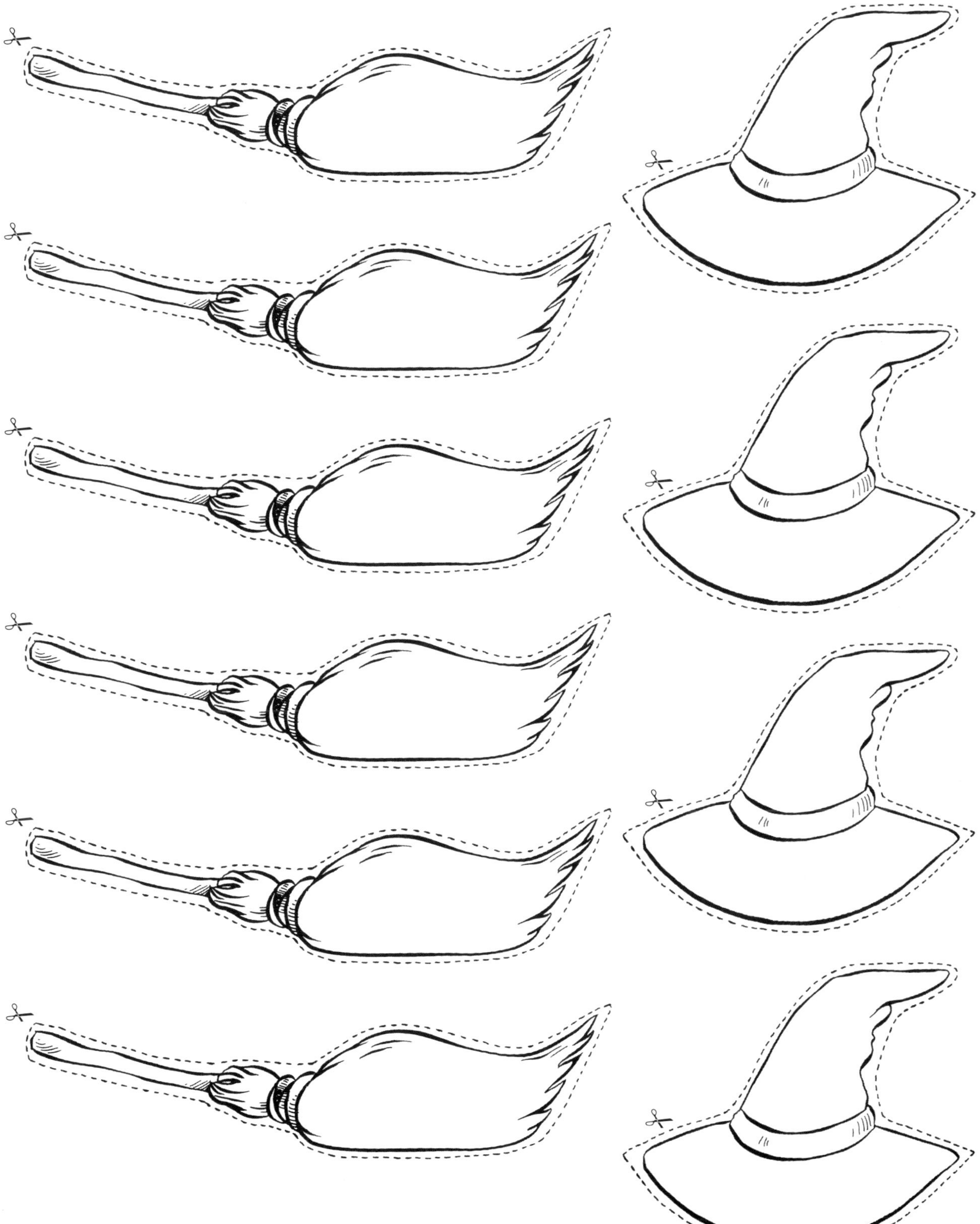

BVK KI08 • Birgitt Lokan/Helga Niggemann: Kita aktiv „Projektmappe Hexen und Zauberer"

Morgens früh um sechs – pantomimisches Spiel (ab 4 Jahren)

Morgens früh um sechs kommt die kleine Hex'.	*abwechselnd mit dem rechten und dem linken Fuß aufstampfen*
Morgens früh um sieben schabt sie gelbe Rüben.	*die linke Hand hält eine Möhre, die rechte schabt pantomimisch darüber*
Morgens früh um acht wird Kaffee gemacht.	*pantomimisch die Kurbel einer Kaffeemühle drehen*
Morgens früh um neun geht sie in die Scheun'.	*abwechselnd mit dem rechten und dem linken Fuß aufstampfen*
Morgens früh um zehn holt sie Holz und Spän'.	*Holzhacken darstellen*
Feuert an um elf, kocht dann bis um zwölf. Fröschebein und Krebs und Fisch, hurtig, Kinder, kommt zu Tisch.	*Rühren im Kochtopf darstellen* *jede Silbe klatschen*
Um ein Uhr nach der Hexensuppe liegt sie auf des Berges Kuppe. Schließt ganz fest die Augen zu und hält ihre Mittagsruh.	*mit der rechten Hand über den Bauch streichen* *die rechte Handfläche auf die linke legen und den Kopf daraufbetten*
Die Uhr schlägt zwei und dann bald drei, da ist der Mittagsschlaf vorbei.	*mit Daumen und Zeigefinger erst 2 zeigen, dann den Mittelfinger hinzunehmen und 3 zeigen*
Die kleine Hexe muss jetzt flitzen, schnell auf ihrem Besen sitzen.	*pantomimisch auf den Hexenbesen steigen …*
Denn nachmittags um vier flitzt sie kreuz und quer, über Stein und über Stock, im Winde flattert bunt ihr Rock.	*und kreuz und quer fliegen*
Bis sie um fünf Uhr dann kommt zu Hause wieder an.	*erschöpft zum Platz zurückkehren und sich setzen*
Am Abend spät um sechs geht die kleine Hex' ins warme Bett im Hexenhaus und schläft bis morgens früh sich aus.	*den Besen pantomimisch in die Ecke stellen* *alle Kinder legen sich in die Kreismitte auf den Boden …*
Seid mal still und hört gut zu – sie schnarcht um die Wette mit dem alten Uhu!	*und schnarchen*

BVK KI08 • Birgitt Lokan/Helga Niggemann: Kita aktiv „Projektmappe Hexen und Zauberer"

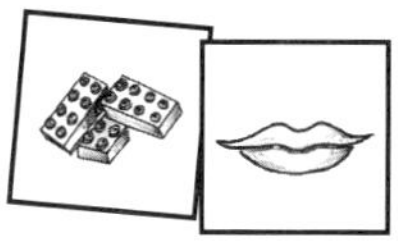

Fingerspiel „Im Hexenhäuschen“ (ab 2 Jahren)

Im Hexenhäuschen sind viele kleine Mäuschen.	*alle zehn Finger bewegen sich in der Luft hin und her*
Sie kribbeln und krabbeln.	*die fünf Finger der rechten Hand krabbeln auf dem linken Arm rauf und runter*
Sie zippeln und zappeln,	*die fünf Finger der linken Hand krabbeln auf dem rechten Arm rauf und runter*
sie trippeln über Tische und über Bänke	*die fünf Finger der rechten Hand trippeln über den linken Handrücken*
und huschen unter die Schränke.	*die fünf Finger der linken Hand verschwinden in der rechten Hand*
Kommt die Hex’ nach Haus und will sie fangen,	*Zeigefinger und Mittelfinger zeigen nach unten und bewegen sich vor und zurück, bei „fangen“ greift die ganze Hand ins Leere*
dann springen und laufen sie schnell von dannen.	*alle zehn Finger bewegen sich in der Luft hin und her; zum Schluss verschwinden sie schnell unter den Oberschenkeln*

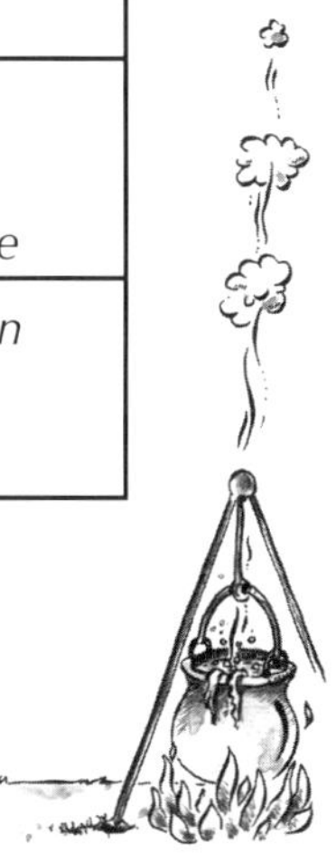

BVK KI08 • Birgitt Lokan/Helga Niggemann: Kita aktiv „Projektmappe Hexen und Zauberer“

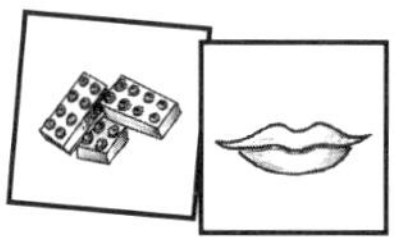

Hexen-Spielreim (ab 2 Jahren)

Material:
1 Hexenbesen (Kinderbesen oder Gymnastikstab), 1 Zauberstab

Spielanleitung:
Die Kinder sitzen oder stehen im Kreis. Eines davon wird als Zauberer bestimmt und erhält den Zauberstab. Ein Kind ist die Hexe und bewegt sich mit ihrem Hexenbesen in der Kreismitte zu dem Reim, den alle Kinder gemeinsam bis *„… oh weh!“* sprechen.
Dann tritt der Zauberer aus dem Kreis zur Hexe, schwingt seinen Zauberstab und ruft: *„Hokuspokus, 1 – 2 – 3 – 4!“*
Die Hexe antwortet: *„Ich geb’ den Besen gerne dir!“* Der Zauberer nimmt den Besen an und ist nun die Hexe. Seinen Zauberstab gibt er an ein anderes Kind im Kreis weiter. Dieses ist nun der nächste Zauberer.

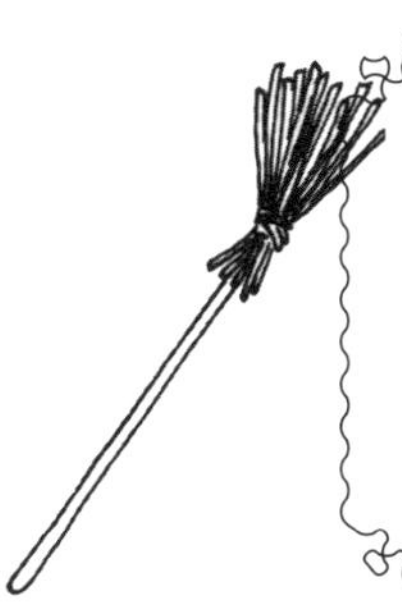

Seht mal Kinder, seht mal an,
wie die Hexe reiten kann.
Rundherum und in die Höh’
bis der Zauberer kommt, oh weh!
„Hokuspokus, 1 – 2 – 3 – 4!“
„Ich geb’ den Besen gerne dir!“

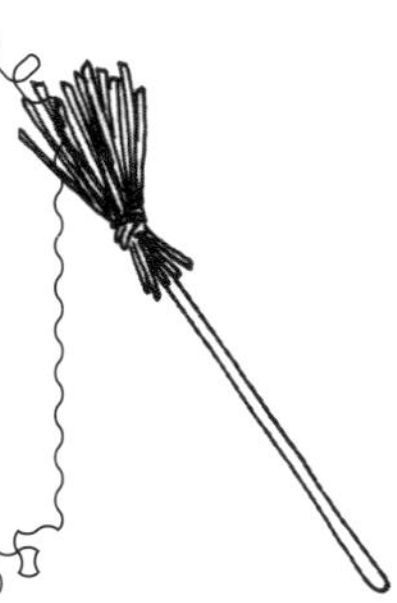

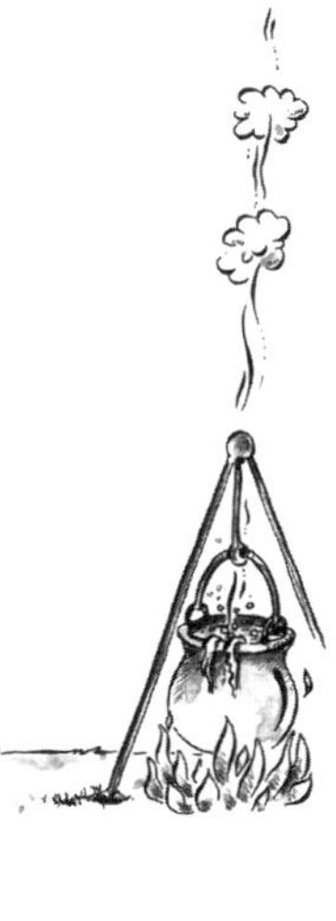

BVK KI08 • Birgitt Lokan/Helga Niggemann: Kita aktiv „Projektmappe Hexen und Zauberer“

1 – 2 – 3! Beschreiben ist doch keine Hexerei!

(ab 4 Jahren, für 6–8 Kinder oder die Gesamtgruppe)

Material:
mehrere blickdichte Tücher in unterschiedlichen Farben, verschiedene Gegenstände, die den Kindern gut bekannt sind (pro Tuch eine Sache, z. B. einen Tannenzapfen, Zauberstab, Apfel, Buntstift, Spielstein, Trinkbecher etc., Anzahl insgesamt je nach Gruppengröße, bei Kleingruppen mit älteren, geübten Kindern kann man pro Kind einen Gegenstand rechnen, bei der Gesamtgruppe reichen 6–8 Teile aus)

Spielanleitung:
Die Erzieherin bereitet einen Sitz- oder Stuhlkreis vor. In der Mitte des Kreises liegen die farbigen, blickdichten Tücher mit jeweils einem Gegenstand darunter. Die Erzieherin erzählt den Kindern, dass die Hexe Karolina hier im Kindergarten das Hexen geübt hat. Leider ist ihr nicht jedes Hexenkunststück gelungen und nun benötigt sie die Hilfe der Kinder. Unter jedem Tuch liegt ein verhexter Gegenstand, den die Kinder wieder befreien können, indem sie ihn erraten.
Ein Kind aus dem Kreis wählt ein Tuch aus, ertastet den Gegenstand darunter und beschreibt ihn dann, ohne die Bezeichnung zu nennen. Die anderen Kinder versuchen zu erraten, um was es sich handelt. Der erratene Gegenstand wird aufgedeckt und es gibt eine neue Runde.

Varianten:
- Die Gegenstände sind in Säckchen verborgen. Ein Kind darf hineinschauen und das Objekt dann beschreiben.
- Die Erzieherin hilft mit unterstützenden Fragen (Welche Farbe/Form hat das Ding? Wozu braucht man es? Kann man es kaufen und wenn ja, wo? Wächst es irgendwo in der Natur: am Baum, am Strauch oder in der Erde? …).

Tipps:
- Wichtig bei diesem Spiel ist es, vorher Regeln zu vereinbaren, z. B.
  - das beschreibende Kind erst ausreden lassen,
  - wer glaubt, den Gegenstand erraten zu haben, meldet sich,
  - das beschreibende Kind wählt maximal drei Kinder aus, die nacheinander ihren Tipp abgeben dürfen; danach beschreibt es den Gegenstand genauer, falls er nicht erraten worden ist.
- Dieses Spiel benötigt einige Wiederholungen, bis das beschreibende Kind verinnerlicht hat, dass es die Bezeichnung des Gegenstandes nicht nennen darf. Daher empfiehlt es sich, am Anfang maximal vier Gegenstände für jedes Spiel zu verbergen.

BVK KI08 • Birgitt Lokan/Helga Niggemann: Kita aktiv „Projektmappe Hexen und Zauberer"

Sprach-Schatzkästchen (ab 5 Jahren)

Material:
Vorlagen (s. S. 11/12), Papier (80g/m² und 130 g/m²), 8 Streichholzschachteln, Laminierfolie und -gerät

Vorbereitung:
Die Vorlagen werden auf weißes Papier kopiert, entlang der gepunkteten Linien ausgeschnitten, an den gestrichelten Linien gefaltet und um eine Streichholzschachtel geklebt (auf der Oberseite das Bild, auf der Rückseite das Wort). Die Buchstabenkärtchen werden auf das festere Papier kopiert, laminiert und ebenfalls ausgeschnitten. Dann füllen Sie jede Schachtel mit den dazugehörigen Buchstabenkärtchen und fertig ist ein anspruchsvolles Material für die Lernwerkstatt mit Selbstkontrolle. Die Kinder können das Spiel allein oder mit mehreren Kindern spielen.

Spielmöglichkeiten:
1. Die Kinder benennen das Bild auf der Schachtel, sprechen deutlich den Anfangslaut und suchen ihn anschließend heraus.
2. Die Kinder benennen das Bild auf der Schachtel und legen aus den Buchstabenkarten das entsprechende Wort nach und kontrollieren anschließend ggf. selbst die richtige Schreibweise.
3. Die Kinder betrachten das Bild auf der Schachtel, benennen es, hören die einzelnen Laute des Wortes heraus und legen die Buchstaben in die richtige Reihenfolge. Anschließend kontrollieren sie ggf. selbst die richtige Schreibweise.
4. Die Kinder betrachten das Wort, benennen die einzelnen Buchstaben (bitte unbedingt beachten, dass nur der Laut gesprochen wird!) und legen das zum Bild der Schachtel passende Wort nach.
5. Die Kinder schreiben die Wörter von den Schachteln ab (liniertes Papier, Bleistifte mit weicher Mine und Wachsmalstifte bereitlegen).

Buchstaben für die „Sprach-Schatzkästchen":

H	E	X	E	
R	A	B	E	
M	A	U	S	
H	U	T		
B	E	R	G	
W	A	L	D	
K	A	T	Z	E
B	E	S	E	N

Kopiervorlage zu „Sprach-Schatzkästchen" (1):

HEXE

Weitere mögliche Wörter sind zum Beispiel:
Mond, Stern, Haus, Frosch

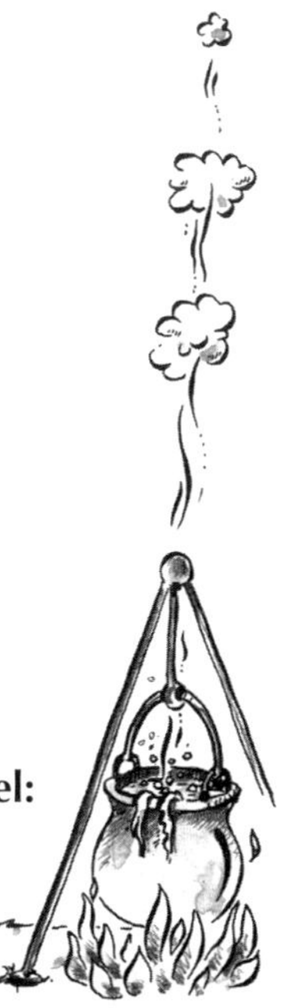

BVK KI08 • Birgitt Lokan/Helga Niggemann: Kita aktiv „Projektmappe Hexen und Zauberer"

Kopiervorlage zu „Sprach-Schatzkästchen" (2)

RABE

MAUS

HUT

BERG

WALD

KATZE

BESEN

.... schneiden

- - - - - - - - - falten

BVK KI08 • Birgitt Lokan/Helga Niggemann: Kita aktiv „Projektmappe Hexen und Zauberer"

Guten Morgen, kleines Mäuschen

(ab 2 Jahren, ein Reim zur Förderung der Mundmotorik)

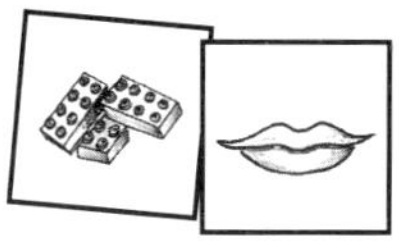

Material:
für jedes Kind eine Salzstange, Teller

Vorbereitung:
Die Kinder sitzen im Kreis. Die Salzstangen liegen auf einem Teller in der Mitte.

Einführung:
In jedem Hexenhaus wohnen auch kleine Mäuschen in ihren Mauselöchern.
Jeden Morgen, wenn die Sonne aufgeht, passiert nun Folgendes:

Guten Morgen, kleines Mäuschen! Wache auf und schau aus deinem Häuschen!	*Die Kinder schieben ihre Zunge langsam aus dem Mund hervor.*
Recke dich zum Fenster raus	*Die Kinder strecken ihre Zunge ganz lang hinaus …*
und schüttle deine Betten aus.	*und lassen sie auf und ab flattern.*
Schau einmal runter! Hat es geregnet in der Nacht?	*Die Zunge aus dem Mund und so weit wie möglich in Richtung Kinn strecken.*
Und nun schau' nach oben, ob heute die Sonne am Himmel lacht.	*Nun die Zunge zur Nasenspitze strecken.*
Hallo, Herr Nachbar im rechten Haus!	*Die Zunge rechts aus dem Mundwinkel strecken.*
Darf ich Sie bitten zum Frühstücksschmaus?	*Mit der Zunge im Kreis über die Lippen lecken.*
Guten Morgen, Frau Nachbarin zur Linken!	*Die Zunge nach links aus dem Mundwinkel strecken …*
Fröhlich will ich Ihnen winken.	*und die Zunge auf und ab bewegen.*
Nun piepsen und quietschen ganz vergnügt die Drei	*Die Zunge ganz schnell immer hin und her bewegen.*
und erzählen sich so allerlei.	*Abwechselnd einen spitzen Mund (= Lippen spitzen) und einen breiten Mund (= Lippen breitziehen) machen.*
Zusammen knabbern sie dann eine lange, braune, salzige Knabberstange.	*Das Ende einer Salzstange zwischen die Lippen legen und sie ohne Einsatz der Hände aufknabbern.*
Plötzlich weht ein kalter Wind	*Kräftig pusten, dabei die Wangen aufplustern und die Luft hörbar auspusten.*
und alle Mäuse schließen ihre Löcher geschwind!	*Die Zunge in den Mund nehmen, den Mund schließen und die Lippen fest aufeinanderpressen.*

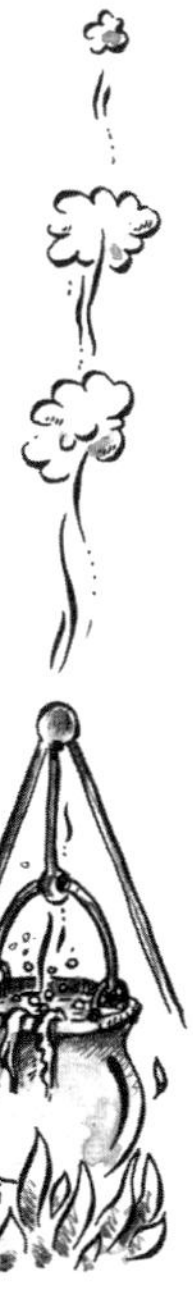

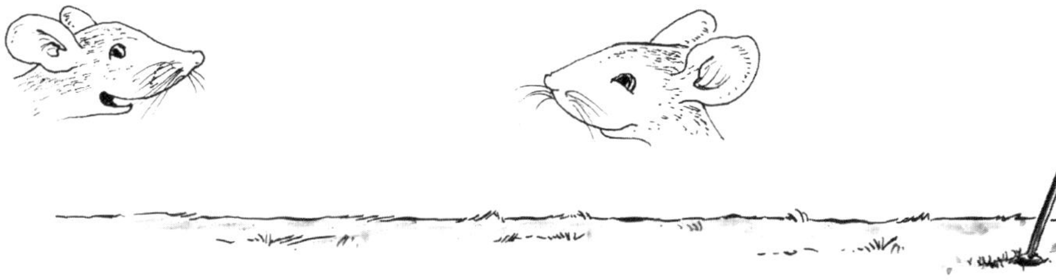

BVK KI08 • Birgitt Lokan/Helga Niggemann: Kita aktiv „Projektmappe Hexen und Zauberer“

Aus zwei mach eins (ab 5 Jahren)

✂ Schneide die Bilder aus. Setze immer zwei Bilder zu einem Wort zusammen.

BVK KI08 • Birgitt Lokan/Helga Niggemann: Kita aktiv „Projektmappe Hexen und Zauberer“

1 – 2 – 3 um Mitternacht

(ab 2 Jahren, nach der Melodie „1, 2, 3 im Sauseschritt" von Detlev Jöcker)

Material:
für jedes Kind ein Paar Klanghölzer

Spielmöglichkeit 1:
Die Kinder singen das Lied und begleiten das „Klopf, klopf, klopf …" mit den Klangstäben.

Material:
für jedes Kind 1 Hexenbesen / Gymnastikstab und ggf. 1 Hexenumhang und 1 Hexenhut

Spielmöglichkeit 2:
Alle Kinder nehmen einen Hexenbesen oder einen Gymnastikstab zwischen die Beine und stellen sich im Kreis auf. Wenn der Refrain gesungen wird, reiten alle Hexen rechts herum. Der Text der einzelnen Strophen wird pantomimisch dargestellt und bei der Zeile „Klopf, klopf, klopf …" bleiben alle stehen und klopfen mit ihrem Hexenbesen auf den Boden. Zur letzten Strophe reiten alle Hexen links im Kreis herum und singen und klopfen den Refrain immer leiser werdend.

1. Strophe:
Hexentanz und lautes Geschrei.
Klopf, klopf, klopf, wir sind dabei!

1 – 2 – 3 um Mitternacht
sind alle Hexen aufgewacht.
Zum Blocksberg geht's in großer Schar.
Nanu! Was gibt's denn da?

2. Strophe:
Hüpft zur Mitte macht 'nen Knicks.
Klopf, klopf, klopf, und dann zurück!
1 – 2 – 3 um Mitternacht …

3. Strophe:
Alte Hexe Wackelkopf
klopft, klopft, klopft auf 'nen Suppentopf!
1 – 2 – 3 um Mitternacht …

4. Strophe:
Hexen fegen hin und her!
Klopf, klopf, klopf, es staubt so sehr!
1 – 2 – 3 um Mitternacht …

5. Strophe:
Die Blocksbergnacht, die ist nun aus.
Klopf, klopf, klopf, jetzt geht's nach Haus.
1 – 2 – 3 um Mitternacht …

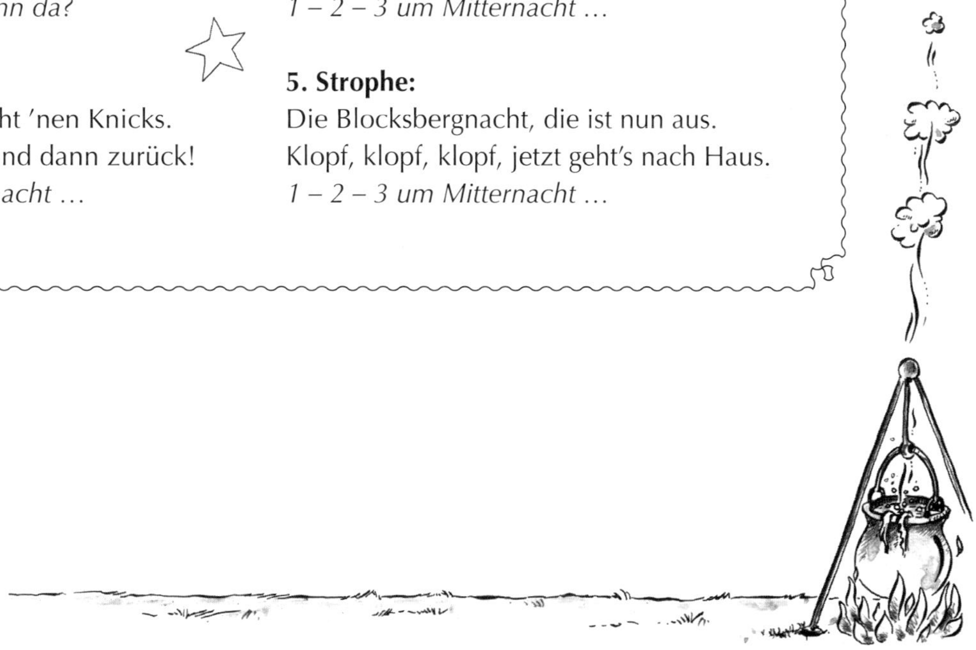

Spiellied: Ich bin die kleine Hexe (ab 3 Jahren)

Text: Birgitt Lokan
Melodie: nach „Ich bin ein dicker Tanzbär“

2. Magst du heute mit mir fliegen, dich mit mir im Winde wiegen?
Komm steig auf, ich bitt' dich sehr, wir fliegen übers Wolkenmeer.
Hui di bui, treibt uns der Wind, hier im Kreis herum geschwind.
Hui di bui, treibt uns der Wind, hier im Kreis herum geschwind.
Diesen Besen, bitte sehr, geben wir dir gerne her!

Spiellied: Ich bin der Zauberer Sirius (1) (ab 2 Jahren)

Material:
Kopiervorlage Lied (s. S. 17), evtl. Klanghölzer als Zauberstäbe

Spielanleitung:
Das Lied eignet sich sehr gut für altersgemischte Gruppen mit Kindern ab einem Jahr. Es kann im Stuhlkreis, in der Turnhalle oder auch draußen gespielt werden. Die Bewegungen erklären sich aus dem Text und alle Kinder können diese gut durchführen. Die älteren Kinder lernen den Text sehr leicht, ebenso wie zusätzliche mimische Bewegungen, z. B. bei „Ich bin der Zauberer Sirius“ zeigen die Kinder mit einem Zauberstab auf sich selbst. Über den Text in Verbindung mit der Bewegung lernen die Kinder ganz selbstverständlich das Zählen von 1–10 und erhalten so ein erstes Zahlen- und Mengenverständnis.

Varianten:
- Anstelle des Zauberers Sirius wird gesungen: „Ich bin die Hexe Hillabus, Hi-Ha-Hillabus, und wohn' beim Zauberer Sirius, Si-Sa-Sirius“.
- Singen Sie die Strophen abwechselnd mit dem Zauberer Sirius und der Hexe Hillabus, sodass die Kinder unterschiedliche Rollen übernehmen können.
- Für Gruppen mit sehr jungen Kindern werden nur fünf Strophen eingesetzt.
- Die Bewegungen im 2. Teil der Strophen sind austauschbar, sodass hier auch variiert werden kann, je nachdem, welche den Kindern am meisten Spaß bereiten.
- Die Kinder können eigene Bewegungen erfinden, z. B. zupft sich gern am linken Ohr, wackelt gerne mit dem Kopf usw.

BVK KI08 • Birgitt Lokan/Helga Niggemann: Kita aktiv „Projektmappe Hexen und Zauberer“

Spiellied: Ich bin der Zauberer Sirius (2) (ab 2 Jahren)

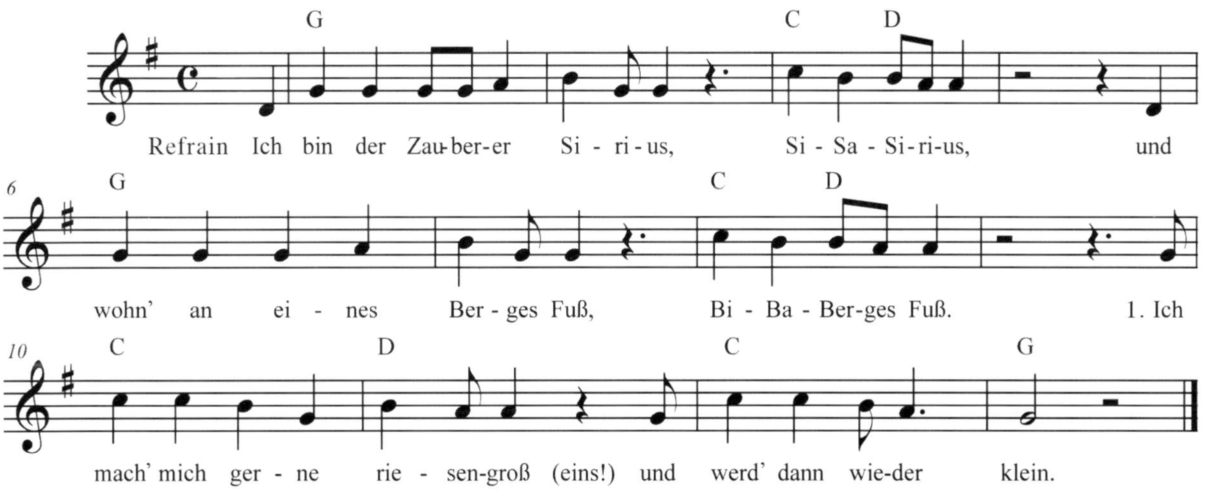

Text: Birgitt Lokan
Melodie: Patrick van der Gieth

Ich bin der Zauberer Sirius …

2. Ich klatsche feste in die Hände –
eins, zwei!
Und reib' sie dann ganz fein.

Ich bin der Zauberer Sirius …

3. Ich stapfe kräftig mit den Füßen –
eins, zwei, drei!
Und tippel dann ganz leis.

Ich bin der Zauberer Sirius …

4. Ich winke jedem fröhlich zu –
eins, zwei, drei, vier!
Und lache dich auch an
(Laute machen: ha, ha, ha, ha, ha).

Ich bin der Zauberer Sirius …

5. Ich sag' dir gerne „Guten Tag" –
eins … fünf
(Bewegung: Hände schütteln)!
Und dann „Auf Wiederseh'n" *(winken).*

Ich bin der Zauberer Sirius …

6. Ich zauber' gerne lange Nasen –
eins … sechs!
Und muss danach mal niesen *(Hatschi!).*

Ich bin der Zauberer Sirius …

7. Ich türm' gern neue Berge auf –
eins … sieben *(Handflächen abwechselnd übereinanderlegen und dabei immer höher gehen)!*
Und puste sie wieder um.

Ich bin der Zauberer Sirius …

8. Ich koche gerne Zaubersuppe –
eins … acht!
Und schlürf' sie dann auch auf
(pantomimisch Löffel zum Mund führen und schlürfen).

Ich bin der Zauberer Sirius …

9. Ich wackel gerne mit dem Po –
eins … neun!
Und setz' mich dann darauf.
(sich hinsetzen)

Ich bin der Zauberer Sirius …

10. Ich tanz' mit dir so gern im Kreis –
eins … zehn *(Bewegung: Partner suchen und mit ihm tanzen)!*
Und leg' mich dann zur Ruh.
(sich auf den Boden legen)

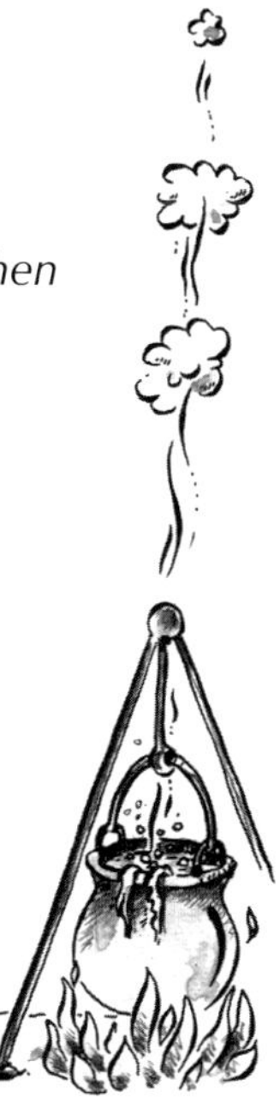

Klanggeschichte: Pimpernelle und das Gute-Laune-Kraut (1)

(ab 4 Jahren, für mindestens 12 Kinder)

Material (für 12 Kinder):

2 Paar Klanghölzer, 1 Xylophon, 1 Glockenspiel, 1 Metallophon, 1 Tamburin, 1 Regenmacher, 1 Pauke (oder Handtrommel), 1 Triangel, 1 Glöckchen, 1 Klangfrosch, 1 Holzblocktrommel

Eines Abends am Ende des Sommers nimmt die kleine Hexe Pimpernelle ihren Wanderstab in die Hand und stapft hinaus in den Wald.	*Klanghölzer aufeinanderschlagen*
Es ist schon dunkel, doch am Himmel erstrahlt hell, groß und gelb der runde Vollmond.	*Xylophon, jeden Ton einzeln anschlagen vom tiefen zum hohen C*
Von einem nahegelegenen Weiher erklingt das nächtliche Quaken der Frösche.	*Klangfrosch erklingen lassen*
Der Wind rauscht unheimlich in den Bäumen.	*mit der flachen Hand über ein Tamburin streichen*
Doch zielstrebig und mutig stapft die kleine Hexe Pimpernelle weiter über die verschlungenen Wege des Waldes.	*Pimpernelles Schritte mit Klanghölzern schlagen*
Ihr Ziel ist die große, grüne Kräuterwiese.	*Glockenspiel (verschiedene Töne nach Belieben anschlagen)*
Nur dort findet Pimpernelle das Gute-Laune-Kraut, das nur in Vollmondnächten seine zarten Blätter entfaltet.	*auf dem Metallophon die Töne e, g und h anschlagen*
Dieses Gute-Laune-Kraut will sie ihrem alten, immer so finster dreinblickenden Freund, dem Zauberer Petrosius Hagelkorn, unter seinen geliebten morgendlichen Frühstücksquark mischen.	*Holzblocktrommel schlagen*
Pimpernelle hofft, dass Petrosius Hagelkorn nach dem Verzehr dieser besonderen Quarkspeise endlich einmal fröhlich und gut gelaunt den Tag beginnt.	*Triangel mehrmals klingen lassen*
Furchtlos wandert sie weiter,	*Klanghölzer aufeinanderschlagen*
vorbei am Weiher, in dem die Frösche immer lauter um die Wette quaken.	*Klangfrosch*
Endlich ist die kleine Hexe Pimpernelle an der Kräuterwiese angekommen.	*Glockenspiel (verschiedene Töne nach Belieben anschlagen)*
Doch plötzlich schiebt sich eine große, dunkle Wolke vor den Mond.	*Xylophon vom hohen bis zum tiefen C spielen*
Aus der Ferne hört sie ein Grollen. Es nähert sich rasch und auf einmal donnert es heftig neben ihr. Blitze zucken über den mittlerweile schwarzen Himmel und …	*leichte Schläge auf der Pauke (oder einer Handtrommel), zum Schluss ein starker „Donnerschlag“*
es beginnt zu regnen. Erst zaghafte Tropfen, doch dann öffnet der Himmel seine Schleusen und es regnet Bindfäden.	*Einsatz eines Regenmachers, erst langsam, dann den heftiger werdenden Regen intonieren*

BVK KI08 • Birgitt Lokan/Helga Niggemann: Kita aktiv „Projektmappe Hexen und Zauberer“

Klanggeschichte: Pimpernelle und das Gute-Laune-Kraut (2)

Pimpernelle flüchtet unter einen großen, alten Baum mit einem ausladenden Blätterdach. Dort wartet sie geduldig ab, bis das Unwetter vorüber ist.	*Regenmacher, der immer langsamer und leiser wird, und so den aufhörenden Regen symbolisiert*
Insgeheim freut sie sich schon. Nach einem solch kräftigen Regen wird sicher gleich, wenn der Mond wieder hinter den Wolken hervorschaut, das Gute-Laune-Kraut besonders gute und wirksame Blätter entfalten.	*Xylophon vom tiefen zum hohen C spielen* *auf dem Metallophon die Töne e, g, und h spielen*
Und tatsächlich! Plötzlich sind die großen, dunklen Wolken verschwunden. Der Regen ist vorüber und im hellen Mondlicht liegt die Kräuterwiese in sattem Grün vor der kleinen Hexe Pimpernelle. Fröhlich springt sie von Kraut zu Kraut. Zupft hier ein Blättchen und dort ein Blättchen und sammelt diese vorsichtig in ihren Kräuterbeutel.	**gemeinsam:** *Xylophon,* *Glockenspiel,* *Metallophon,* *Klanghölzer*
Als ihr Beutel mit wunderbar duftenden, frischen Kräuterblättchen gefüllt ist, läuft sie froh nach Hause.	*Klanghölzer schlagen*
Daheim breitet sie die Kräuter auf der Fensterbank zum Trocknen aus.	*Schlägel über das Metallophon ziehen*
Müde, aber überglücklich legt sie sich in ihr kuscheliges Bett und träumt davon, wie sie am nächsten Morgen für ihren Freund Petrosius Hagelkorn den Gute-Laune-Frühstücksquark zubereiten wird.	*Glöckchen klingen lassen*

Varianten:
- Die Klanghölzer können auch weggelassen werden und alle teilnehmenden Kinder ahmen an den entsprechenden Stellen die Schritte der Hexe mit eigenen Schrittbewegungen auf der Stelle nach.
- Die angegebenen Instrumente sind lediglich Vorschläge und können beliebig ausgetauscht werden.
- Präsentieren Sie den Kindern eine Auswahl von Instrumenten im Sitzkreis und erzählen Sie die Geschichte. Überlegen Sie dann gemeinsam mit den Kindern, mit welchem Instrument sie die einzelnen Szenen darstellen würden. Sicher werden die Kinder eine ganz andere Auswahl treffen.
- Sie müssen nicht alles nach den vorgegebenen Beispielen instrumental untermalen. Treffen Sie bei kleineren Gruppen eine Auswahl.

Tipps:
- Halten Sie zum Ende der Klanggeschichte den Gute-Laune-Quark (Rezept s. S. 34) bereit und Brotstückchen oder Gemüsesticks zum Dippen. So können die Kinder den Quark gleich selbst einmal testen.
- Zeigen Sie den Kindern ein Körbchen mit Kresse und kündigen Sie an, dass Sie mit diesen von Ihnen selbst gesammelten Gute-Laune-Kräutern am nächsten Tag mit den Kindern einen Gute-Laune-Quark zubereiten möchten. Das Rezept dazu finden Sie auf S. 34.
- Die Klanggeschichte können Sie auch gut auf einem Fest den Eltern darbieten mit anschließender Einladung, den selbst gemachten Gute-Laune-Quark doch zu probieren.

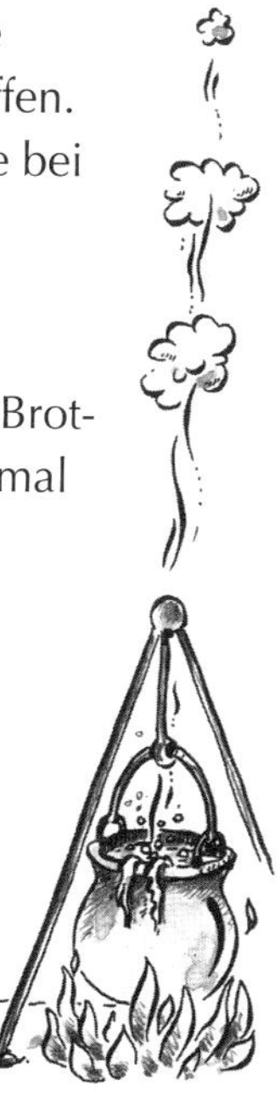

Hexentreffen (ab 4 Jahren)

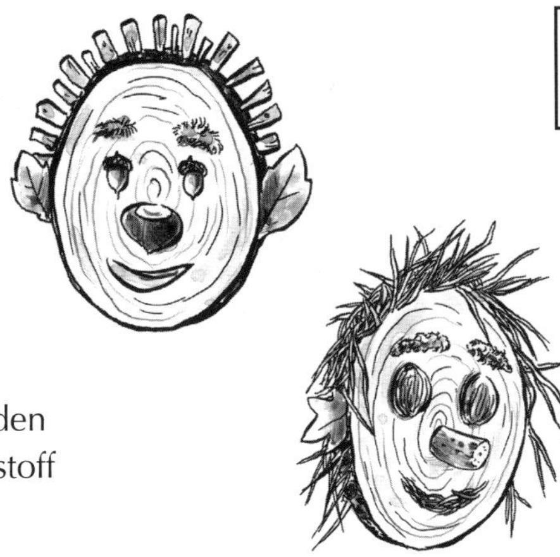

Material:
Baumscheiben (Durchmesser ca. 10–20 cm, 2 cm dick), Korken, Kastanien, Walnusshälften, Eicheln, getrocknete und gepresste Blätter, getrocknetes Moos, kleine, dünne Zweige, Heu (alle Naturmaterialien sortiert in kleinen Kästen, z. B. Kinderschuhkartons), Ringschrauben, Vorbohrer/Handbohrer, starken Bind- oder Nylonfaden zum Aufhängen, Scheren, 1 scharfes Küchenmesser, Brettchen, Klebstoff

Arbeitsanleitung:
Die Baumscheiben gestalten die Kinder mit Hilfe der Naturmaterialien zu einem Hexengesicht. Das vielfältige Material regt die Fantasie der Kinder an. So könnte z. B. ein Hexengesicht gestaltet werden: Augen aus Eicheln oder Walnusshälften, Augenbrauen aus Moos, eine lange Nase aus einem Korken oder eine Knubbelnase aus einer Kastanie, Haare aus Korken (mit einem scharfen Küchenmesser – unter Aufsicht! – auf einem Brettchen auf die gewünschte Länge zugeschnitten), die hochkant auf das obere Viertel des Baumscheibenrandes geklebt werden. Oder soll die Hexe eine Wuschelfrisur mit Haaren aus Heu oder Moos erhalten? Die Ohren können aus gepressten Blättern rechts und links angeklebt werden und einen Mund gestalten die Kinder aus kleinen, dünnen Zweigen oder länglichen Blättern.
Zum Schluss versieht die Erzieherin die Baumhexe am oberen Rand möglichst mittig mit einer Ringschraube. Je nachdem wie hart das Holz ist, muss zunächst ein kleines Loch vorgebohrt werden. Anschließend einen Faden zum Aufhängen durch die Ringschraube ziehen.

Allerlei Spinnen aus Filz (ab 4 Jahren, für maximal 6 Kinder)

Material (pro Kind):
4 Pfeifenputzer schwarz oder braun in Stücken von jeweils 10 cm Länge, farbige Märchenwolle, 1 Filznadel mit Halterung, 1 Schwamm (ca. 20 cm x 10 cm groß), 1 Schere, farbige Tonpapierreste für die Augen, Klebstoff, evtl. CD-Player und Meditationsmusik

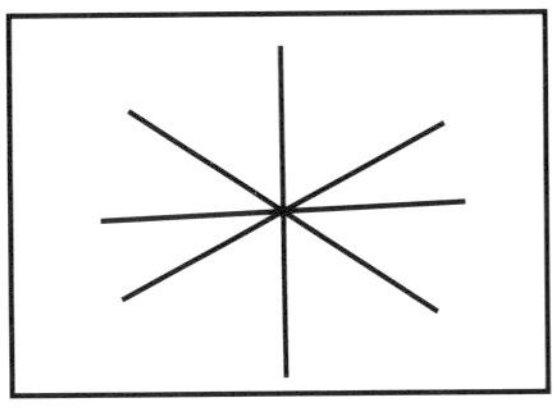

Arbeitsanleitung:
1. Zunächst werden die Pfeifenputzer sternförmig auf dem Schwamm übereinandergelegt. Dies sind später die acht Beine der Spinne.
2. Dann wird von der Wolle mit Daumen und Zeigefinger ein kleines Stückchen abgezupft und auf den Mittelpunkt der Pfeifenputzer gelegt.
3. Nun wird immer wieder mit der Filznadel in die Wolle eingestochen: Nadel einstechen und rausziehen, Nadel einstechen und rausziehen und immer mal den Schwamm drehen, sodass die Wolle von allen Seiten mit der Nadel bearbeitet wird. Wenn der Spinnenkörper zu dünn erscheint, kann noch einmal ein wenig Märchenwolle abgezupft werden (vielleicht sogar in einer anderen Farbe) und locker über die bereits bearbeitete Wolle gelegt werden. Je mehr die Märchenwolle mit der Filznadel bearbeitet wird, umso stärker verfilzt sie und verbindet sich als Spinnenkörper mit den Spinnenbeinen. Tipp: Unebenheiten im Spinnenkörper können leicht entfernt werden, indem zum Schluss mit einer feineren Filznadel in die Märchenwolle eingestochen wird.
4. Zum Schluss werden die Pfeifenputzerenden zu Spinnenbeinen gebogen, Augen aus Tonpapier ausgeschnitten und auf den Spinnenkörper geklebt.

BVK KI08 • Birgitt Lokan/Helga Niggemann: Kita aktiv „Projektmappe Hexen und Zauberer“

Hexenhäuschen (1) (ab 4 Jahren, für 3 – 6 Kinder)

Material (pro Kind):

4 Holzspatel ca. 15 cm x 1,5 cm, 2 Holzspatel ca. 9 cm x 1cm, 1 Bastelunterlage (z. B. altes Tischset), Tonkarton in verschiedenen Farben, evtl. vorbereitete Schablonen (Kopiervorlage siehe unten), 1 farbige Schnur oder farbiges Schleifenband (0,5 cm breit und ca. 30 cm lang), 1 spitze Sticknadel mit großem Öhr, rot-brauner Plüsch oder Bast in Rot, Grün und Schwarz (für die Haare), Filz- oder Buntstifte, 4 kleine Perlen, 2 unterschiedlich große, schwarze Pompons (Durchmesser ca. 3 cm und 4 cm, gibt es fertig im Bastelbedarf), Klebstoff, Schere, Locher, weiße Papierreste, gelbe und graue Tonpapierreste

Arbeitsanleitung:

1. Als Erstes werden zwei der größeren Holzspatel auf der Bastelunterlage als Dach aufeinandergelegt und in der Dachspitze zusammengeklebt.
2. Dann werden die beiden schmaleren, kürzeren Holzspatel parallel zueinander senkrecht an das Dach geklebt.
3. Anschließend wird waagerecht je ein breiter Holzspatel von vorne und von hinten als Boden am Haus befestigt. Dann wird die Bastelunterlage mit dem Haus zur Seite gelegt, damit der Klebstoff gut trocknen kann.

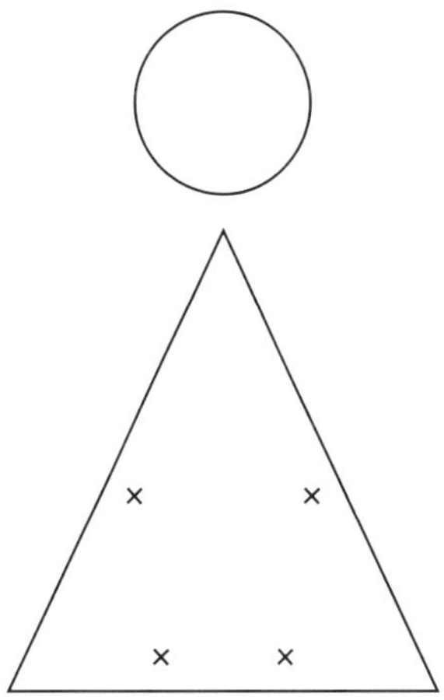

4. Nun wird die Hexe gebastelt. Auf den Tonkarton wird, entweder mit Hilfe der vorbereiteten Schablonen oder freihändig, ein Dreieck (das ist der Hexenkörper) und ein Kreis (das ist der Kopf) gezeichnet. Beides wird ausgeschnitten.
5. Im Anschluss wird der Kopf auf die obere Spitze des Dreiecks geklebt. Für die Haare wird ein etwa 2,5 cm x 2 cm großes Stück Bastelplüsch abgeschnitten und am oberen Rand des Kopfes befestigt. Der Plüsch sollte so auseinanderzupft werden, dass die Haare wild auseinanderstehen. Die Haare können auch aus Bast gebastelt werden. Dazu ca. 4 cm lange Bastfäden abschneiden, auseinanderzupfen und einzeln an den oberen Rand des Kopfes kleben.
6. Nun wird die Schnur oder das schmale Schleifenband in der Länge halbiert, in die Nadel eingefädelt und an dem oberen, mit x gekennzeichneten Punkt in den Körper gestochen, hinter dem Körper hergeführt und an dem zweiten x wieder auf die Vorderseite geführt. Die Schnur wird vorsichtig durchgezogen, bis sie rechts und links etwa die gleiche Länge hat. An beide Enden wird eine kleine Perle geknotet.
7. Ebenso wird mit den Beinen an den mit x gekennzeichneten Stellen verfahren.
8. Dann wird der Hexe ein Gesicht gemalt. Wer möchte, kann auch noch Kleidungsstücke auf ihren Körper malen.

BVK KI08 • Birgitt Lokan/Helga Niggemann: Kita aktiv „Projektmappe Hexen und Zauberer"

Hexenhäuschen (2) (ab 4 Jahren, für 3–6 Kinder)

9. Zu jeder Hexe gehört auch noch ein Rabe. Dazu werden der größere und der kleinere Pompon aneinandergeklebt. Aus gelbem Tonpapier wird ein Schnabel und aus grauem Tonpapier werden zwei Flügel ausgeschnitten. In den kleineren Pompon wird der Schnabel geklebt und rechts und links auf den größeren Pompon je einen Flügel.
10. Zum Schluss werden mit dem Locher aus dem weißen Papier zwei Augen ausgestanzt, die dem Raben ins Gesicht geklebt werden.

Wenn der Kleber am Hexenhaus getrocknet ist, kann die Hexe ins Haus geklebt werden und der Rabe auf das Dach. Wenn die Kinder Lust haben, können sie die Hexe im Häuschen noch weiter ausgestalten.

Tipps:
- Diese Gestaltungsarbeit kann auch als Raumdeko aufgehängt werden.
- Es ist auch möglich, jede Figur (Hexenhaus, Rabe, Hexe) einzeln zu basteln.
- Anstatt die Hexe aus Tonkarton zu basteln, können Sie für ältere Kinder auch Filz einsetzen. Die Hexe hat dann aber nicht die Stabilität, um im Haus zu sitzen, sondern kann besser frei aufgehängt werden.
- Dekorieren Sie die Bastelarbeiten der Kinder an einem großen Zweig, der von der Decke hängt. Auch der Rabe findet auf den kleinen, dünnen Zweigen mit einem Tropfen Klebstoff einen sicheren Platz.
- Je nach Alter der Kinder können Sie diese Gestaltungsarbeit auch in 2–3 Teilschritten durchführen.

Hexenritt (ab 2 Jahren)

Die Hexe reitet auf ihrem Besen kreuz und quer durch die Lüfte und hinterlässt dabei viele Spuren.

Material:
(pro Kind): weißes DIN-A4-Papier, 1 Deckel eines Schuhkartons (etwas größer als DIN A4, Kastanie oder Eichel, 4 Flechtstreifen (1 cm breit), 1 Malkittel, 1 Pinsel
(für die Gruppe): Wasserfarben oder mit etwas Wasser verdünnte Fingerfarben, Wasser, 1 Wachsdecke als Unterlage

Arbeitsanleitung:
1. Die Kinder legen das Blatt in den Kartondeckel und streichen anschließend ihre Kastanie/Eichel (= die Hexe, die auf ihrem Besen reitet) mit einer Farbe an.
2. Dann legen sie die Baumfrucht vorsichtig auf das Papier und bewegen den Kartondeckel hin und her, sodass die Kugel darin kreist und deutliche Farbspuren auf dem Papier hinterlässt.
Wenn sie keine Spur mehr abgibt, wählen die Kinder eine neue Farbe und wiederholen den Vorgang beliebig oft. Nach dem Trocknen ihres Hexenrittbildes können die Kinder aus Flechtstreifen einen Rahmen um ihr Bild kleben.

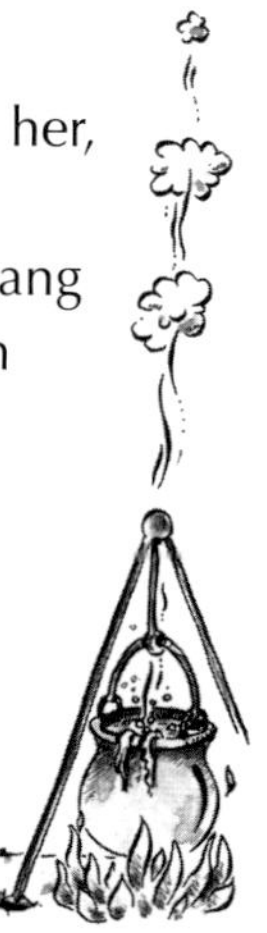

BVK KI08 • Birgitt Lokan/Helga Niggemann: Kita aktiv „Projektmappe Hexen und Zauberer“

Laufigel (ab 4 Jahren, für 4 – 6 Kinder)

Im Hexen-Zauber-Wald leben viele kleine und große Tiere. Eines davon ist der kleine Igel Erik. An den braunen Stacheln mit den weißen Spitzen auf seinem Rücken könnt ihr Erik sehr gut erkennen. Erst wenn die Dämmerung hereinbricht, kommt er aus seinem Versteck, einer schmalen Erdspalte, heraus und geht auf Futtersuche. Auf seinem Speiseplan stehen Asseln, Tausendfüßler, Spinnen, Käfer, Ohrwürmer, Larven von Nachtfaltern, aber auch Regenwürmer, Schnecken, Frösche und manchmal sogar Mäuse und Kreuzottern.
Wenn ihr auch einen kleinen Igel Erik haben möchtet, könnt ihr ihn basteln.

Material (pro Kind):
Vorlagen (siehe unten), festen, weißen Karton (ca. 20 cm x 25 cm), 1 Schere, 1 Prickelnadel, 1 Teppichfliese, 1 Musterklammer, 1 Bleistift, Buntstifte in verschiedenen Brauntönen und in Schwarz

Arbeitsanleitung:
1. Die Kinder übertragen die beiden Schablonen auf festen weißen Karton und schneiden sie aus.
2. An den mit x markierten Stellen stechen sie auf der Teppichfliese mit der Prickelnadel ein Loch in den Karton und befestigen die „Füße" von hinten mit der Musterklammer an dem Igelkörper.
3. Zum Schluss gestalten die Kinder ihren Igel mit den Buntstiften farbig.

Nun können sie ihr Stacheltier mit leichtem Druck auf ihrem Arm oder einem Teppich vorwärtsschieben. Es sieht aus, als könne der Igel laufen.

Tipps:
- Um Igel in verschiedenen Größen zu basteln, kopieren Sie die Vorlagen nach Belieben größer oder kleiner.
- Besprechen Sie das Aussehen eines Igels mit Hilfe einer naturgetreuen Abbildung (Poster, Fotos, Bilderbuch). So fällt es den Kindern anschließend leichter, ihren Igel farbig zu gestalten.
- Zum „Laufen" benötigt der Igel eine etwas angeraute Oberfläche. Auf glatten Böden oder Tischplatten bewegen sich seine „Beine" nicht.

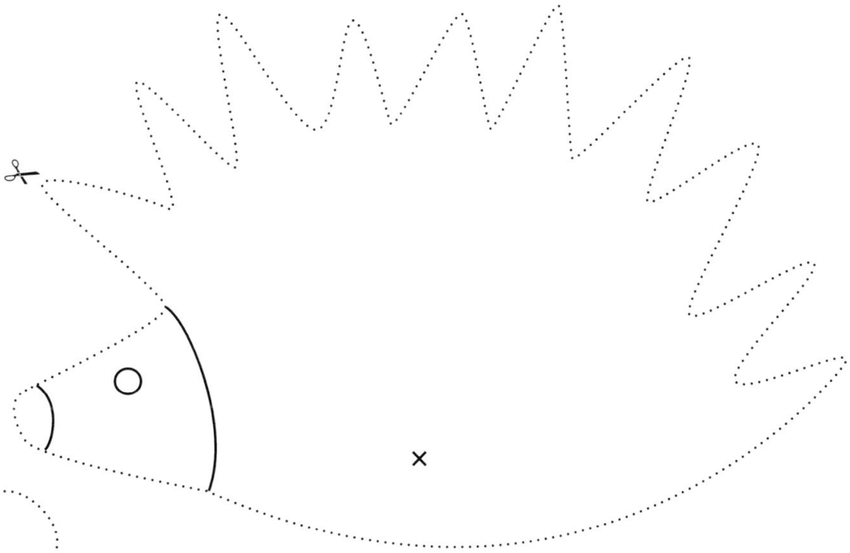

„Füße"

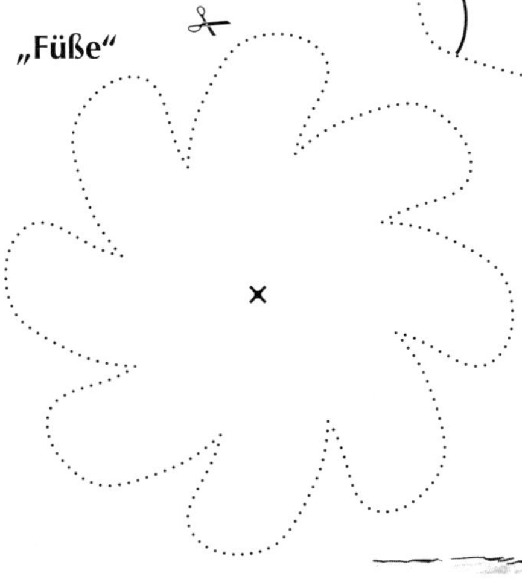

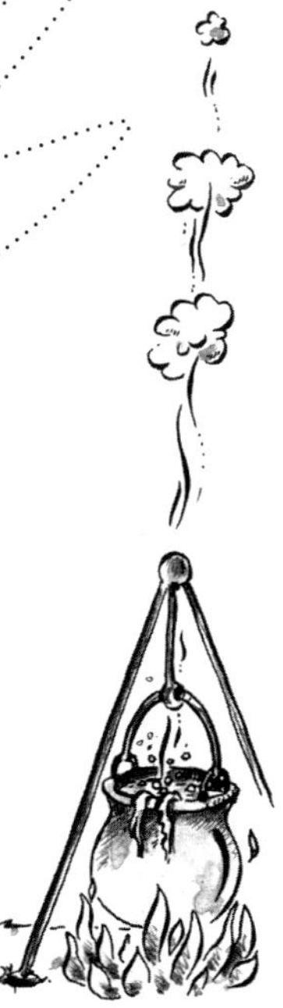

(bitte bei Bedarf hochkopieren)

BVK KI08 • Birgitt Lokan/Helga Niggemann: Kita aktiv „Projektmappe Hexen und Zauberer"

Zaubertüte (ab 5 Jahren)

Mit dieser einfachen Faltarbeit können kleine oder große Hexen und Zauberer ihr Publikum verblüffen. Aus einem einfachen Papier in DIN A5 oder DIN A4 erhält man durch Falten eine Tüte, wie sie früher im Laden für Mehl, Zucker oder Bonbons benutzt wurde. Das Besondere ist jedoch, dass man durch den speziellen Faltvorgang eine Tüte mit zwei Öffnungen erhält. Legt man einen flachen Gegenstand (Aufkleber, Spielchip, Zettel) in die eine Tütenöffnung, kann man durch Drehen der Tüte und mit viel Hokuspokus und Simsalabim die andere Öffnung präsentieren. Schaut man in die Tüte hinein, ist der Gegenstand verschwunden. Mit weiteren geheimnisvoll gemurmelten Zaubersprüchen zaubert man den Gegenstand wieder hervor, indem man die andere Öffnung der Tüte präsentiert.

Material:
1 Blatt Papier (DIN A5 oder DIN A4), Buntstifte oder selbstklebende Formen bzw. Figuren oder anderes Material zum Verzieren der Zaubertüte

Faltanleitung:

1. Zunächst wird das Blatt Papier so hingelegt, dass die kurzen Seiten unten und oben liegen.
2. Dann wird die schmale Seite des Papiers auf die gegenüberliegende schmale Seite gefaltet, mit dem Zeigefinger fest über die Falz gestrichen und das Papier wieder aufgeklappt. Man erhält eine Mittellinie.
3. Nun die linke untere Ecke so zur Mittellinie falten, dass die untere linke Hälfte der langen Seite an der Mittellinie liegt.
4. Ebenso mit der rechten unteren Ecke verfahren.
5. Das Blatt drehen, sodass das Blatt mit der Spitze nach oben zeigt.
6. Die Schritte 3 und 4 wiederholen.
7. Dann wird die untere Spitze auf die obere gefaltet.
8. Als Letztes wird von oben in das Dreieck geschaut und die jeweils obenliegenden Blätter werden ineinandergeschoben (hierbei benötigen die meisten Kinder Hilfe). Fertig ist die Zaubertüte! Sie hat links und rechts eine Öffnung.
9. Anschließend kann die Zaubertüte noch zauberhaft mit Buntstiften, Klebeplättchen oder anderen Materialien gestaltet werden.

Dann nehmen sich die Kinder einen flachen Gegenstand und üben ihre Zauberkunst:
„Halte die Tüte mit der geschlossenen Seite nach vorne in der Hand und lege einen flachen Gegenstand in die Öffnung. Lasse die Zuschauer in die Öffnung deiner Tüte schauen. Sie können den Gegenstand gut sehen. Nun drücke die Tüte zwischen den Handflächen zusammen, drehe sie unter Murmeln einer Zauberformel hin und her und präsentiere den Zuschauern die andere Öffnung (von der diese natürlich vorher nichts wussten!). Die Tüte ist leer, selbst wenn du sie ausschüttest … es kommt nichts heraus. Wiederhole nun deine Zauberei und zeige dann den Zuschauern wieder die erste Öffnung. Dein Gegenstand ist wieder da!"

Wenn die Kinder durch ihr eigenes Zaubern erst einmal den Trick durchschaut haben, macht es ihnen großen Spaß, jeden, der ihnen begegnet, mit ihrer Zauberkunst zu verblüffen. Die Kinder sollten selbst herausfinden, wie sie sich die Reihenfolge der Tütenöffnungen am besten merken können. Jedes Kind wird nach einigen Versuchen ein besonderes Merkmal für sich herausfinden.

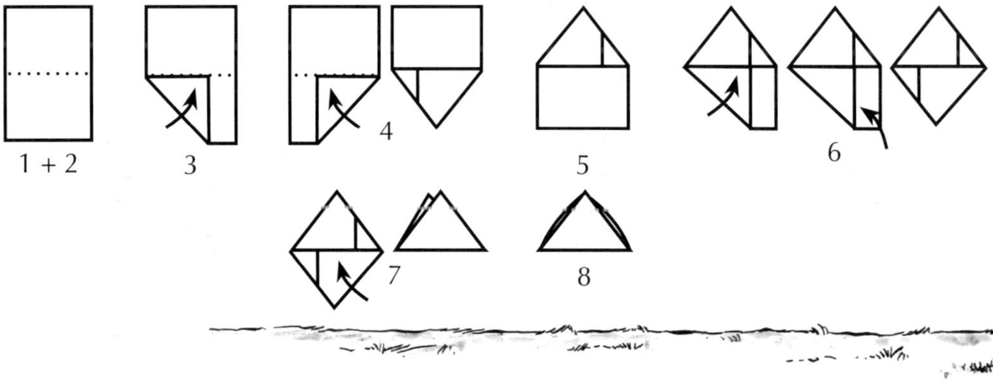

BVK KI08 • Birgitt Lokan/Helga Niggemann: Kita aktiv „Projektmappe Hexen und Zauberer"

Hexen- / Zaubererhut **(ab 4 Jahren, für maximal 3 – 4 Kinder)**

Jede Hexe und jeder Zauberer braucht auch einen standesgemäßen Hut. Bei der Herstellung benötigen die Kinder die Hilfe eines Erwachsenen, weshalb sich dieses Angebot auch gut als Eltern-Kind-Aktivität anbietet. Die fantasievolle Gestaltung des Hutes hingegen können die Kinder sehr selbstständig ausführen.

Material:
(pro Kind): 1 Bogen Fotokarton, 1 Schere
(für alle Kinder): Lineal, 2 kleine Nägel, 2 Bleistifte (bei Verwendung von dunklem Karton einen weißen Buntstift), 2 Bindfäden von 30 cm und 35 cm Länge, Klebstoff, 1 Tacker, verschiedenes Material zum Verzieren der Hüte, das in einzelnen Materialschalen dargeboten wird (z. B. Glitzer, Fingerfarbe, bunte Klebeplättchen, Buntpapier, Hologrammfolie)

Arbeitsanleitung:

1. Zunächst müssen die beiden Kreise mit einem Durchmesser von ca. 30 cm und 35 cm auf den Fotokarton gezeichnet werden. Dies können die Kinder nicht allein. Daher müssen Sie die Kreise für die Kinder vorbereiten oder besser noch einzeln wie folgt mit den Kindern aufzeichnen:
   Binden Sie die Bindfäden jeweils an einen Bleistift. An dem anderen Ende des Fadens befestigen Sie einen kleinen Nagel. Setzen Sie den Nagel als Mittelpunkt des ersten Kreises an (gut festhalten), ziehen den Bindfaden am Bleistift stramm und zeichnen Sie nun um den Mittelpunkt den ersten kleineren Kreis. Dies wiederholen sie mit dem längeren Bindfaden für einen zweiten Kreis.
   Der Innenkreis wird später eingezeichnet.

2. Teilen Sie den kleineren Kreis anschließend mit Hilfe des Lineals in Viertel und markieren Sie den Kindern ein Viertel, das sie später ausschneiden müssen.

3. Dann schneiden die Kinder ihre Kreise sorgfältig an der Außenlinie aus, ebenso das gekennzeichnete Viertel des kleineren Kreises.

4. Die Enden des kleineren Kreises werden nun übereinandergeklebt, sodass man eine Spitztüte erhält. Solange der Klebstoff noch nicht getrocknet ist, helfen Sie den Kindern, die Enden so zusammenzuschieben, dass der Hut gut auf ihren Kopf passt.

5. Den entstandenen Hut legen Sie mittig auf den zweiten Kreis und umzeichnen ihn. So erhalten Sie den Innenkreis, den die Kinder nun ebenfalls ausschneiden.

6. Am unteren Rand der Spitztüte entlang schneiden die Kinder im Anschluss möglichst gleichmäßig kleine Dreiecke aus.

7. Die entstandenen Ecken biegen sie dann waagerecht nach außen bzw. oben und bestreichen sie von oben mit ein wenig Klebstoff. Dann kleben sie den ausgeschnittenen Ring von oben auf den Spitzhut und drücken die Dreiecke daran fest.

8. Nun können die Kinder selbstständig weiterarbeiten und ihren Hexen- / Zaubererhut fantasievoll mit verschiedenen Materialien gestalten.

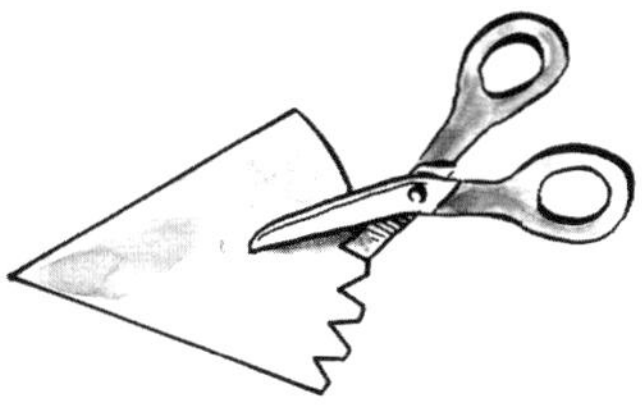
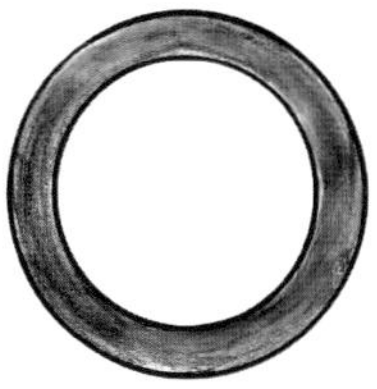

BVK KI08 • Birgitt Lokan / Helga Niggemann: Kita aktiv „Projektmappe Hexen und Zauberer"

Im Hexen- oder Zauberwald (je nach Arbeitsschritt ab 2 Jahren)

Grundmaterial:
1 großer Karton (z. B. von einem Fernsehgerät), aus dem der Deckel herausgeschnitten ist, Fingerfarben in Grün, Gelb, Rot, Weiß und Blau, Materialschalen (für die Farben und ggf. zum Mischen von Farben), Borstenpinsel in verschiedenen Stärken, Scheren, Klebstoff, Heißklebepistole, Mallappen (zum Abwischen der Finger), Malkittel, Plane oder Wachsdecke als Unterlage für den Karton, 1 Packung Holzspieße, 1 Bleistift

Material zum Ausgestalten:
weißer Fotokarton, Krepppapier in verschiedenen Grüntönen, Buntstifte, Zwirn und Nadel, Styroporreste (mindestens 1,5 cm stark), Wolle, Stoffreste, Filzreste, Märchenwolle, Pfeifenputzer, farbige Ziersteinchen, Zweige, Moos, kleine Steine, Tannenzapfen, Heu, Kastanien, Eicheln, je ein Kästchen für die Materialien, ggf. Kopiervorlage von S. 27

Vorbereitung:
Besprechen Sie mit den Kindern, wie sie es sich im Wald bei den Hexen und Zauberern vorstellen. Was ist für die Kinder das Besondere an diesem Ort? Wo wohnen diese Personen? Wer wohnt sonst noch im Wald? Ist es dort hell oder dunkel? Gibt es dort viele hohe Bäume oder eher dichte Büsche, einen See, einen Fluss …?

Arbeitsanleitung:
1. Der große Karton wird um 90° gedreht, sodass die Öffnung nach vorne zeigt. Bemalen Sie mit den Kindern den Karton von außen mit grüner Fingerfarbe. Die Kinder dürfen selbst entscheiden, ob sie die Farbe mit einem dicken Borstenpinsel oder mit den Fingern auftragen wollen. Um unterschiedliche Grüntöne zu erzeugen, können die Kinder mit Mischfarben experimentieren (Gelb/Grün, Weiß/Grün, Blau/Grün), zum Einbringen von Brauntönen werden Rot und Grün gemischt. Lassen Sie anschließend die Farbe trocknen.
2. Im zweiten Arbeitsschritt gestalten die Kinder den Karton von innen mit Fingerfarben. Dazu wird zunächst das obere Drittel mit Bleistift markiert. Dieses und das Dach werden mit blauer Fingerfarbe als Himmel gestaltet. Auch hier können die Kinder aus Weiß und Blau unterschiedliche Blautöne mischen und Wolken aufmalen. Das untere Drittel und der Boden werden wiederum mit Grün- und Brauntönen bemalt. Lassen Sie die Farbe danach erneut gut trocknen.
3. Stellen Sie Scheren, Klebstoff, Buntstifte, Fotokarton, Holzspieße, Styroporreste, ggf. die Kopiervorlagen und eine Auswahl an Materialien, sortiert in Kästchen, zur Verfügung. Nun gestalten die Kinder in dem Karton gemeinsam einen Hexen- oder Zauberwald aus den bereitliegenden Materialien. Auf den Fotokarton können die Kinder Figuren/Pflanzen und das Hexenhaus/Zauberschloss aus dem Zauberwald nach eigenen Vorstellungen aufzeichnen, buntmalen und anschließend ausschneiden. Die Kinder können aber auch die Figuren von der Kopiervorlage verwenden. Auf die Rückseite der Figuren kleben die Kinder einen Holzspieß, stecken diesen in einen Styroporrest und kleben ihn mit der Heißklebepistole an einer Stelle im „Waldboden" fest. Ebenso verfahren sie mit weiteren Figuren. Fliegende Vögel oder Fledermäuse können Sie mit einem Zwirnfaden versehen und vom „Himmel" herabhängen.
   Den Waldboden polstern die Kinder z. B. mit Moos oder mit Märchenwolle aus. Wege können sie mit kleinen Ziersteinchen und Berge mit größeren, übereinandergeklebten Steinen gestalten. Büsche und Bäume werden aus Zweigen oder Tannenzapfen erstellt. Wenn die Kinder Krepppapierstreifen in die Zweige hängen, entsteht so eine dichte Baumkrone. Für einen Fluss oder See stellen Sie den Kindern blaue Märchenwolle, Filz oder Stoffreste zur Verfügung.
   Das Hexenhaus oder Zauberschloss wird an die Rückwand des Kartons geklebt oder auch mit Holzspießen versehen und in Styroporreste gesteckt. Bunte Blumen schneiden und kleben die Kinder z. B. aus Stoff- oder Filzresten.

BVK KI08 • Birgitt Lokan/Helga Niggemann: Kita aktiv „Projektmappe Hexen und Zauberer"

Kopiervorlage zu „Im Hexen- oder Zauberwald" (ab 2 Jahren)

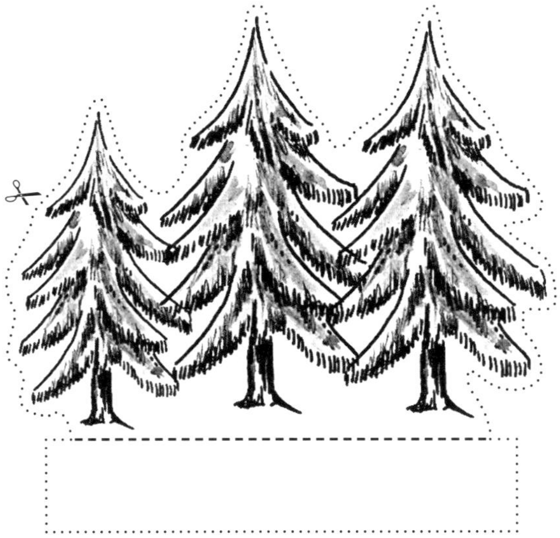

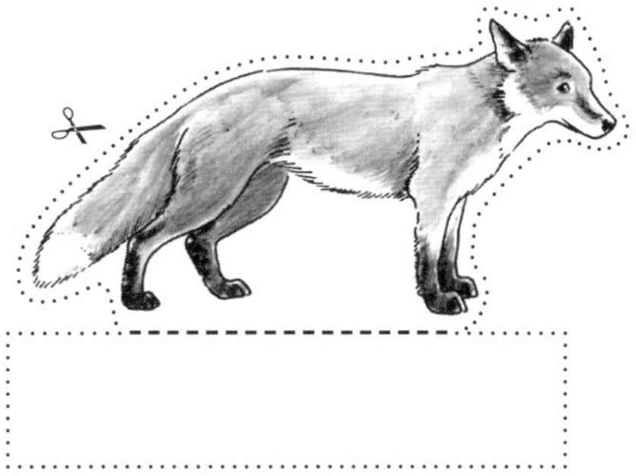

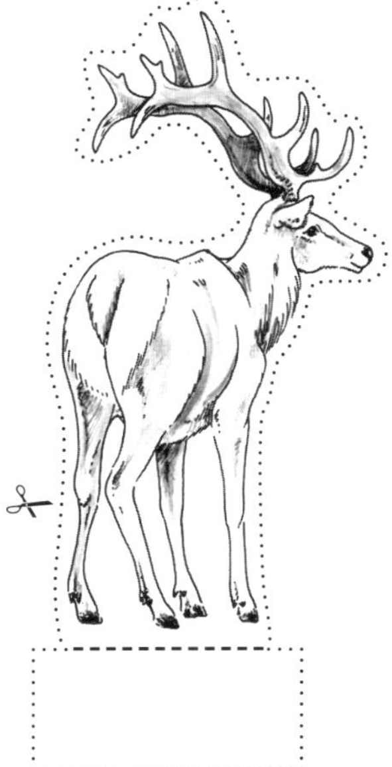

(bitte bei Bedarf auf 140 % hochkopieren)

BVK KI08 • Birgitt Lokan/Helga Niggemann: Kita aktiv „Projektmappe Hexen und Zauberer"

BVK KI08 • Birgitt Lokan / Helga Niggemann: Kita aktiv „Projektmappe Hexen und Zauberer“

Hexenbuch – Zaubererbuch (ab 4 Jahren)

Alle Hexen und Zauberer brauchen ein dickes Buch, in dem sie ihre Schätze und Geheimnisse sammeln: eine gepresste Blume oder Kräuter, ein schönes Blatt, einen Hexen- / Zauberspruch (den die Erzieherin aufschreibt oder -klebt), den Hexen- / Zauberernamen, ein Bild vom Hexenhaus oder Zauberschloss, ein selbstgemaltes Portrait oder ein Foto, ein Mandala usw.

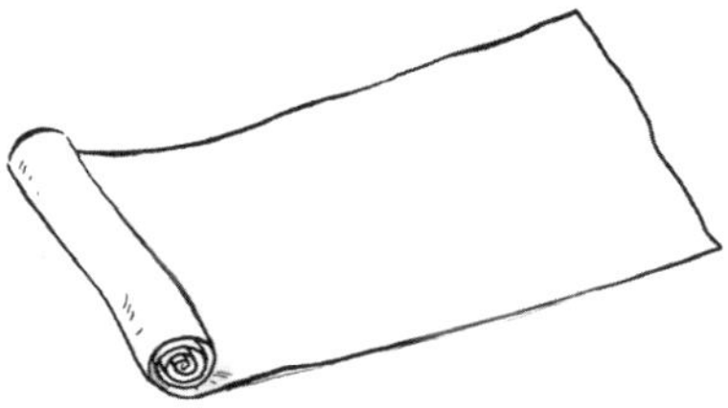

Material:
Tapetenrolle (gut geeignet ist eine feste Struktur- oder Raufasertapete, weil sie besonders stabil ist), Fingerfarben (mit etwas Wasser verdünnt), dicke Borstenpinsel, Schere, Lineal, evtl. 1 Föhn

Arbeitsanleitung:
1. Schneiden Sie von der Tapetenrolle für jedes Kind einen Streifen von 54 cm x 16 cm ab.
2. Mit einer leicht verdünnten Fingerfarbe und einem dicken Borstenpinsel malen die Kinder zuerst eine Seite ihres Tapetenstreifens an und lassen ihn gut trocknen (mit einem Föhn können Sie den Trocknungsvorgang beschleunigen).
3. Dann malen die Kinder auch die zweite Seite ihres Streifens an. Achten Sie darauf, dass die Kinder pro Seite nur eine Farbe verwenden.
4. Wenn auch die Farbe auf der zweite Seite getrocknet ist, falten Sie 13 cm von der langen Seite um und lassen die Kinder anhand dieses Maßes aus ihrem Streifen ein Leporello falten. So erhalten sie ein eigenes Buch, in das sie nun alles, was sie rund um das Thema „Hexen und Zauberer“ sammeln, einkleben können!

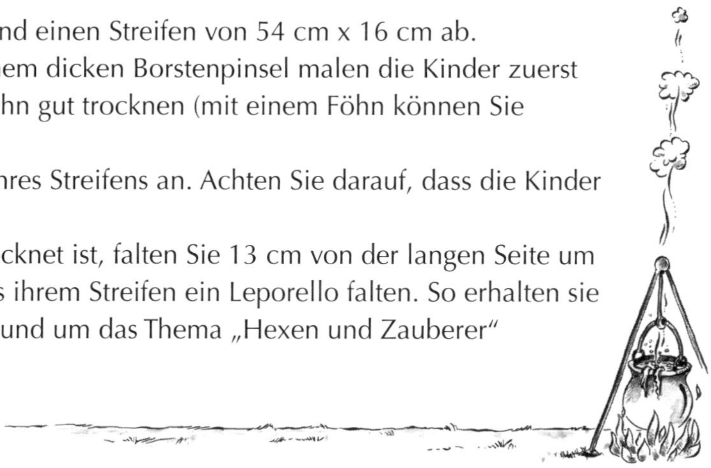

BVK KI08 • Birgitt Lokan / Helga Niggemann: Kita aktiv „Projektmappe Hexen und Zauberer“

Hexenmalerei (ab 2 Jahren)

Fast wie Hexerei erscheint den Kindern das Malen mit hellen Wachsmalstiften, über die sie im Anschluss mit Wasserfarben streichen. Die Hexenmalerei ist für jede Altersgruppe geeignet. Je nach Alter, Entwicklungsstand und Erfahrung mit dieser Technik können die Kinder zunächst experimentieren, später auch schon gegenständlich malen. So entstehen immer wieder neue Kunstwerke.

Material:
weißes Papier, weiße Wachsmalstifte (alternativ kann man am Anfang auch Gelb, Grau und Hellblau einsetzen) oder helle Reste von Leuchterkerzen, kräftige Wasserfarben (Blau, Rot, Grün, Schwarz usw.), Wasserbecher, Borstenpinsel in verschiedenen Stärken (ab 8 aufwärts), Wachsdecke als Unterlage, Malkittel, Mallappen

Arbeitsanleitung:
Zunächst experimentieren die Kinder mit den weißen Wachsmalstiften oder Kerzen, indem sie einfache Muster auf ihr weißes Blatt malen. Das fällt den Kindern erst einmal etwas schwer, da sie ihre Malerei ja nicht sehen können. Daher können Sie für sehr junge Kinder auch zuerst gelbe oder hellblaue Wachsmaler einsetzen, um ihnen das Prinzip zu verdeutlichen. Anschließend malen die Kinder ihr Blatt mit einer Wasserfarbe an und werden verblüfft feststellen, dass dort, wo sie mit Wachs gemalt haben, die Wasserfarbe abperlt und ihre Zeichnung sichtbar wird.

Ältere Kinder können mit dieser Technik z. B. das Schloss eines Zauberers, den Hexenwald oder einen Uhu malen und ihr Bild anschließend mit schwarzer oder blauer Wasserfarbe überstreichen.

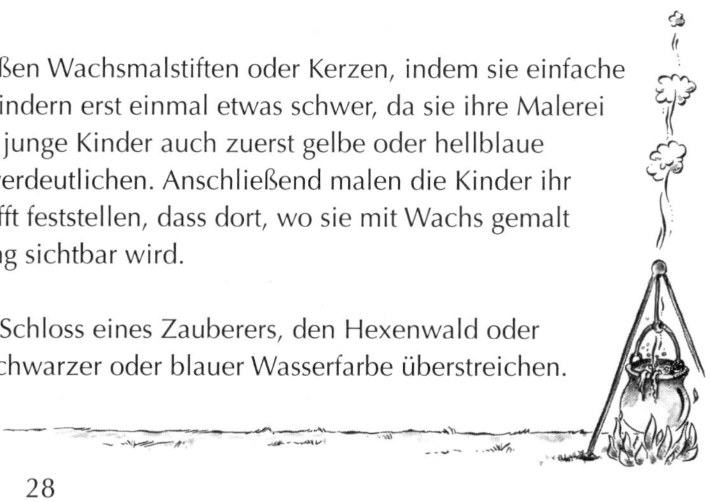

Verschiedene Zauberstäbe (ab 2 Jahren)

Zauberer und Hexen brauchen einen Zauberstab, der sie durch all ihre Hexen- und Zauberkunststücke begleitet. Für die fantasievolle Gestaltung eines Zauberstabes finden Sie hier unterschiedliche Ideen für die verschiedenen Altersgruppen.

1. Gestalten mit Buntpapier (ab 2 Jahren)

Material:
je Kind ein Rundholz von ca. 20 cm Länge und mit einem Durchmesser von ca. 1 cm, Kleister und Kleisterpinsel, Buntpapierreste, Materialschalen (für jede Buntpapierfarbe eine), 1 leeres Gurkenglas

Arbeitsanleitung:
Die Kinder reißen zunächst die Buntpapierreste in kleine Schnipsel und sortieren sie nach Farben in getrennte Materialschalen. Dann streichen sie ihr Rundholz zur Hälfte mit Kleister ein und kleben aus den Papierschnipseln ein buntes Muster darauf. Mit der zweiten Hälfte des Rundholzes wird ebenso verfahren. Wenn kein Holz mehr zu sehen ist, glätten die Kinder evtl. abstehendes Papier, indem sie noch einmal mit Kleister darüberstreichen. Anschließend wird der bunte Zauberstab zum Trocknen in ein Gurkenglas gestellt.

2. Gestalten mit Fingerfarben (ab 3 Jahren)

Material:
Rundhölzer wie oben, Fingerfarben, Materialschalen (für die Farben), Streuglitter, 2–3 kleine, feuchte Malläppchen (zum Abwischen der Finger), 1 leeres Gurkenglas, 1 Dose Sprühlack

Arbeitsanleitung:
Verteilen Sie mehrere bunte Fingerfarben in kleinen Schälchen auf dem Tisch. Die Kinder betupfen oder bemalen ihren Holzstab nun mit den Farben und denken sich dabei ein besonders zauberhaftes Muster aus. Auf die noch nasse Farbe streuen die Kinder bunten Streuglitter. Die Zauberstäbe werden in ein Gurkenglas gestellt, sodass sie bis zum nächsten Tag trocknen können.
Um die Farbe haltbarer zu machen, überziehen Sie die Zauberstäbe nach dem Trocknen mit Sprühlack. Dieser Arbeitsschritt sollte unbedingt im Freien erfolgen und ohne Beteiligung der Kinder. Der Trocknungsvorgang wird wiederholt, sodass die Zauberstäbe am dritten Tag einsatzbereit sind.

3. Gestalten mit Wolle (ab 4 Jahren)

Material:
Rundhölzer wie oben, Klebstoff, bunte, möglichst dicke Wolle oder Kordel

Arbeitsanleitung:
Die Kinder schneiden sich ein Stück Wolle oder Kordel von mind. 20 cm ab, streichen ihren Holzstab erst 2–3 cm rundherum mit Klebstoff ein und wickeln dann ganz enganliegend die Wolle/Kordel um den Zauberstab. So verwandelt sich das Rundholz Stückchen für Stückchen in einen einmaligen, bunten Zauberstab.

BVK KI08 • Birgitt Lokan/Helga Niggemann: Kita aktiv „Projektmappe Hexen und Zauberer"

Zauberschloss (ab 3 Jahren)

Das Zauberschloss wird ein Spiel, das Sie im Bereich der Sprachförderung zu Mundmotorikspielen einsetzen können. Natürlich können Sie das Schloss auch allein basteln, aber es mit den Kindern gemeinsam herzustellen, erhöht noch einmal das Interesse am und die Motivation der Kinder für das Spiel.

Material:
3 Toilettenpapierrollen, 1 Papprolle (von Küchenkrepppapier), 1 Pappbecher, 1 Deckel eines Stiefelkartons, Fotokarton in 4 verschiedenen Farben, Scheren, Klebstoff, 4 verschiedene Fingerfarben, 4 Pinsel, Maldecke, Malkittel, 1 Tasse, 1 Bleistift, Wattebäusche (müssen gut durch die Toröffnungen passen), Trinkhalme, evtl. 1 Föhn

Arbeitsanleitung:
1. Schneiden Sie zunächst aus der großen Papprolle am unteren Rand ein großes Tor, aus 2 kleinen Papprollen ein kleines Tor und aus dem Pappbecher ebenfalls ein großes Tor aus.
2. Malen Sie dann die Papprollen mit den Kindern in vier verschiedenen Farben an und legen Sie diese zum Trocknen an die Seite.
3. Öffnen Sie nun eine schmale Seite des Kartondeckels. Diesen malen die Kinder mit grüner Fingerfarbe am inneren Rand und am Schachtelboden gleichmäßig an und legen ihn ebenfalls zum Trocknen beiseite (ein Föhn beschleunigt den Trocknungsvorgang).
4. Zeichnen Sie mit Hilfe der Tasse vier verschiedenfarbige Kreise (ca. 9 cm Durchmesser) auf den Fotokarton auf, welche die Kinder ausschneiden. Dann schneiden Sie jeden Kreis bis zum Mittelpunkt ein, schieben die aufgeschnittenen Enden übereinander, sodass ein Kegel entsteht, und kleben die Enden fest. Der Kegel muss an der Öffnung größer sein als die Papprolle. Wenn die Farbe auf den Papprollen getrocknet ist, streichen die Kinder den oberen Rand der Pappröhren mit Klebstoff ein und setzen einen Kegel als Dach darauf.
5. Nun kleben Sie die noch übrige dritte Toilettenpapierrolle auf den umgedrehten Becher. Diesen kleben Sie an den hinteren rechten Rand des Kartondeckels, die anderen Pappröhren werden daneben angeordnet. Achten Sie darauf, dass die Toröffnungen zur offenen Deckelseite hin zeigen.
6. Auf grünem Fotokarton können die Kinder nun noch Büsche zeichnen, ausschneiden und von außen an den Rand des Kartondeckels kleben.
7. Mit einigen Figuren von S. 27 wird die Spielfläche noch verziert und je nach Anordnung der Figuren entsteht so ein Pusteparcours.

Nun ist das Spiel fertig und die Kinder können den Zauberer in seinem Schloss besuchen. Sie legen einen Wattebausch auf den Rand der offenen Seite des Kartondeckels und pusten ihn in eine Öffnung der Türme.

Varianten:
- Die Kinder pusten den Wattebausch mit unterschiedlich dicken Trinkhalmen in die Öffnung eines Schlossturmes.
- Versehen Sie die Schlosstürme mit Fenstern. Entsprechend der Fensteranzahl auf dem getroffenen Turm erhalten die Kinder Salzstangen, die sie mit einem Ende zwischen die Lippen legen und ohne Zuhilfenahme der Hände aufknabbern (auch dies ist eine beliebte Übung zur Förderung der Mundmotorik).

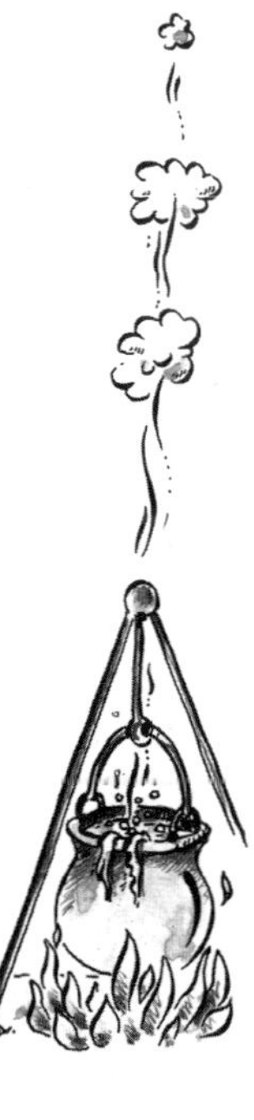

BVK KI08 • Birgitt Lokan/Helga Niggemann: Kita aktiv „Projektmappe Hexen und Zauberer“

Geheimnisvolle Seilvase (ab 5 Jahren, für maximal vier Kinder)

Material:
1 undurchsichtige Flasche mit schlankem Hals (z. B. Piccolo-Flasche), ½ Weinkorken, 1 Seil von 60 cm Länge und 2 cm Durchmesser, grobes Schmirgelpapier, Gewebeband oder Isolierband, 1 Schere, 1 Rundholz (Durchmesser: 5–10 mm)

Arbeitsanleitung:
1. Beide Enden des Seiles werden mit Gewebeband umwickelt, damit sie nicht mehr ausfransen.
2. Dann schmirgeln die Kinder den Korken gleichmäßig ab, sodass er mit dem Rundholz in den Flaschenhals gedrückt werden kann. Der Korken darf nicht zu klein werden, damit er beim Umdrehen der Flasche nicht wieder herausfallen kann.

Zur Vorführung des Zauberkunststückes führen wir das Seil in die Flasche, drehen diese mit der Öffnung nach unten (das Seil mit der anderen Hand festhalten) und sagen folgenden Zauberspruch auf:

In dieser Flasche wohnen Geister.
Sie rühren ihren Geisterkleister.
Krötendreck und Fröschebrei,
Flaschengeister schweben frei!
Hex! Hex!

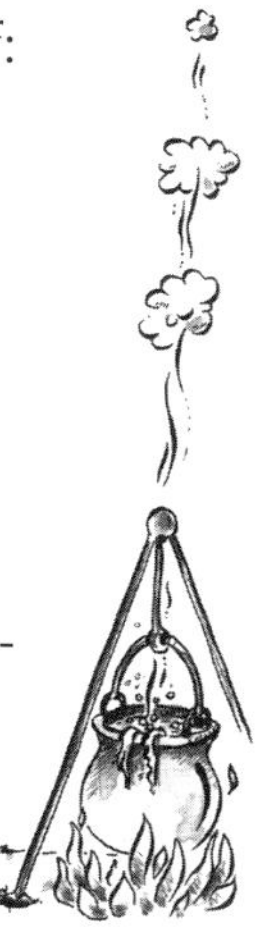

Anschließend ziehen wir das Seil etwas stramm und lassen die Flasche frei am Seil hin und her pendeln. Die Zuschauer werden verblüfft sein und staunen, warum die Flasche am Seil pendelt!

Der Geist aus der Flasche (ab 4 Jahren, für 4–6 Kinder)

BVK KI08 • Birgitt Lokan/Helga Niggemann: Kita aktiv „Projektmappe Hexen und Zauberer“

Material (pro Kind):
1 weißer Luftballon, 1 Glas, 1 Gabel, 1 Würfel frische Hefe oder 1 Packung Trockenhefe, 1 Teelöffel Zucker, 4 Teelöffel Mehl, 100 ml warmes Wasser, 1 dicker, wasserfester Stift, 1 Trichter, 1 Schüssel mit warmem Wasser, 1 leere, kleine Flasche (möglichst transparent)

Arbeitsanleitung:
Die Kinder legen den Luftballon glatt vor sich auf den Tisch mit dem Hals nach unten und malen mit dem wasserfesten Stift ein Gesicht darauf.
Dann bröseln die Kinder die Hefe in ihr Glas, verrühren sie mit dem Mehl und dem Zucker und geben anschließend 100 ml warmes Wasser hinzu. Die Mischung wird solange mit der Gabel verrührt, bis sie glatt ist. Diese Masse füllen die Kinder mit Hilfe eines Trichters in die Flasche und stülpen den Luftballon über den Flaschenhals (darauf achten, dass der Luftballon fest auf dem Flaschenhals sitzt).
Jetzt stellen die Kinder ihre Flasche in eine Schüssel mit warmem Wasser und warten, was passiert. Nach einiger Zeit erwacht der Geist in der Flasche zum Leben. Er wird größer und größer und steigt langsam und geheimnisvoll aus der Flasche.

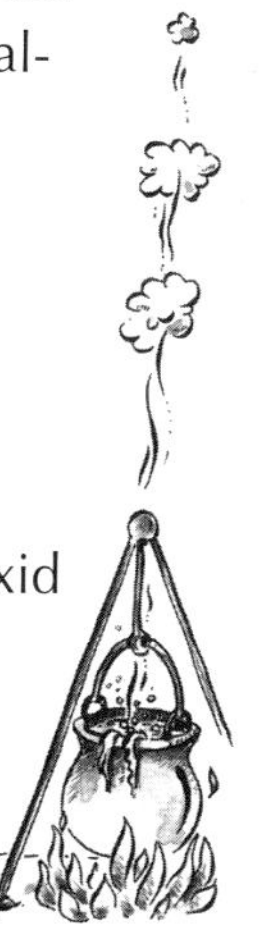

Lösung:
Der Hefepilz ernährt sich von Zucker und Mehl. Bei seinem Stoffwechsel scheidet er Kohlenstoffdioxid aus. Dies führt dazu, dass die Flüssigkeit zu gären beginnt, es bilden sich Blasen und die Mischung „geht auf“. Die Gase steigen in den Luftballon und blasen ihn auf.

Der Blocksberg brodelt (ab 4 Jahren, für 4–6 Kinder)

Wenn der Blocksberg brodelt, bricht aus ihm ein feuriger Vulkan aus und die rotglühende Lava fließt aus seinem Krater. Bauen Sie mit den Kindern doch einmal selbst einen feurigen und brodelnden Blocksberg!

Material:
1 Packung Backpulver, 1/2 Glas Essig, 1 Teelöffel, 1 Teelöffel rotes Lebensmittelfarbpulver, 1 Marmeladenglas mit Schraubverschluss, 1 Handbohrer, 1 dicke Teppichfliese, 1 Trichter, 1 Eimer Sand, Wasser, 1 (altes) Kunststofftablett

Arbeitsanleitung:

1. Als Erstes wird der Marmeladenglasdeckel auf die Teppichfliese gelegt und mit dem Handbohrer ein Loch in die Mitte des Deckels gebohrt, sodass das Rohr des Trichters hineinpasst.

2. Nun wird das Backpulver in das Marmeladenglas gefüllt und mit dem Teelöffel Lebensmittelfarbpulver vermischt. Das Glas wird geschlossen und der Trichter in das gebohrte Loch gesteckt.

3. Dann wird das Glas auf das Kunststofftablett gestellt und so mit feuchtem Sand umformt, dass nur noch die Trichteröffnung zu sehen ist.

4. Zuletzt wird der Essig in die Trichteröffnung gefüllt. Nun muss man schnell drei Schritte rückwärtsgehen und beobachten, was passiert!

Lösung:
Der Vulkan spuckt „rote Lava", denn die Kinder haben aus Backpulver (Natriumhydrogencarbonat) und Essig (Säure) künstlich ein Gas hergestellt, das auch in ausbrechenden Vulkanen vorkommt: Kohlenstoffdioxid. Dieses entweicht nun sprudelnd und blubbernd durch den Trichterhals nach außen.

Hinweise:
- Bei chemischen Versuchen muss die Sicherheit oberstes Gebot sein. Schützen Sie die Kinder, indem Sie preiswerte Schutzbrillen aus dem Baumarkt besorgen und Plastikkittel oder -schürzen anziehen.
- Jeden Versuch sollten Sie vorher selbst einmal ausprobieren, um mögliche Gefahren, Schwierigkeiten und den zeitlichen Ablauf einzuschätzen.
- Nach jedem Versuch sollten die Kinder ihre Hände gründlich waschen.
- Den Begriff „Säure" erläutern Sie den Kindern am besten, wenn Sie sie fragen, wie Essig schmeckt. Sammeln Sie mit den Kindern weitere Säuren, indem die Kinder überlegen, was noch sauer schmeckt: Zitronen, Mandarinen, Apfelsinen, saure Äpfel, Sauerkraut …

Minna, Hexe Lilos beste Freundin (ab 4 Jahren, für bis zu 6 Kinder)

Minna ist die beste Freundin von Hexe Lilo (= Erzieherin). Mit ihrer Hexenkraft gibt sie ihr besonders guten Schutz. Nicht einmal der spitze Stachel einer Biene kann ihr etwas anhaben!

Material:
7 weiße Luftballons und ein roter Luftballon, 14 Streifen Klebefilm (ca. 4 cm x 2 cm), 8 bunte Stoffdreiecke, 1 Schere, Klebstoff, 1 wasserfester Stift, 1 gelber Tonpapierrest, 1 brauner Filzstift, 2 x Schablone Bienenkörper (siehe unten), 1 spitze Nadel

Vorbereitungen:
Gestalten Sie aus je einem weißen und einem roten, aufgeblasenen, gut verknoteten Luftballon die Hexen Minna (weiß) und Line (rot), indem Sie mit dem wasserfesten Stift ein Gesicht aufmalen und ein Stoffdreieck als Kopftuch aufkleben. Zwei Klebefilmstreifen kleben Sie über Kreuz auf eine freie Stelle an Minnas Kinn. Mit dem wasserfesten Stift malen Sie darüber eine dicke Warze. Bei Line werden keine Klebestreifen aufgeklebt.
Aus dem gelben Tonpapier schneiden Sie mit Hilfe der Schablonen zwei Bienenkörper und malen mit dem braunen Filzstift Streifen und Augen auf den Körper. Kleben Sie die beiden Körperteile aneinander und schieben Sie am Hinterteil eine spitze Nadel dazwischen, sodass diese nur noch ein Stückchen herausguckt.

Anleitung:
Stellen Sie den Kindern Minna und Line vor und sagen ihnen, dass Sie, Hexe Lilo, über besonders gute Hexenkräfte verfügen, um Ihre empfindliche Freundin Minna immer gut zu beschützen. Jedoch reicht Ihre Hexenkraft immer nur für eine Hexenfreundin. Sogar der Stachel einer Biene (zeigen Sie den Kindern die Biene mit ihrem spitzen Stachel) kann ihrer liebsten Freundin nichts anhaben, während er bei Line schlimme Folgen hat.

- Nun wird gemeinsam überlegt: Was passiert wohl, wenn die kleine Biene mit ihrem spitzen Stachel Minna und Line sticht? (Die Kinder überlegen und nennen ihre Ideen: z. B. Minna und Line – bzw. die Luftballons – platzen, gehen kaputt …).
- Summen Sie nun mit Ihrer Biene durch die Luft und stechen den Stachel (Nadel) zuerst in den Luftballon, der Line darstellt. Was passiert? Dann stechen Sie in einem zweiten Anflug in Minna, aber genau durch die sich kreuzenden Klebestreifen.
- Die Kinder werden staunen, denn der Luftballon platzt bei Line, aber nicht bei Minna. Sie bleibt unversehrt.
- Wie kann das sein? Die Kinder sammeln mögliche Lösungen. Erklären Sie den Kindern, dass es sich um einen „Trick" handelt, den sie nun herausfinden dürfen, indem sie Minna einmal genau untersuchen. Die Kinder betrachten den Luftballon nun aus der Nähe, entdecken den Klebestreifen am Kinn und erfahren, dass dieser dafür sorgt, dass der Luftballon nicht platzt. Finden die Kinder den Klebestreifen nicht, demonstrieren Sie ihnen das Experiment an einem einfachen Luftballon. So können die Kinder den „Trick" gut nachvollziehen.
- Alle Kinder probieren das Experiment dann aus, indem sie einen Luftballon aufblasen und selbst daraus eine Hexe Minna gestalten.
- Nun dürfen sie nacheinander die Biene stechenlassen und erfahren, dass sie selbst auch über besondere „Hexenkräfte" verfügen.

Auflösung:
Durch den festen Klebestreifen wird verhindert, dass die gespannte Hülle des Ballons platzt.

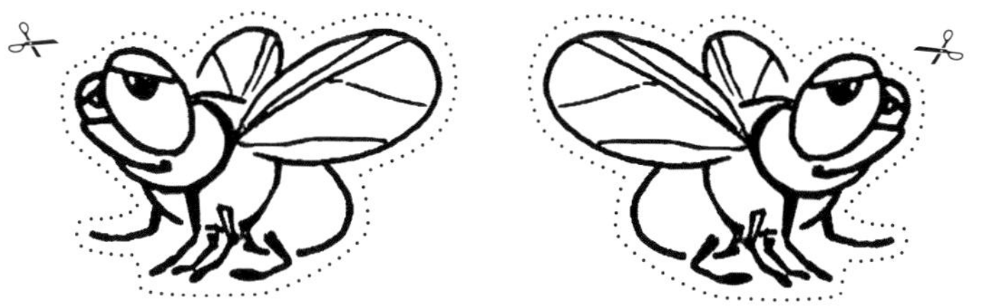

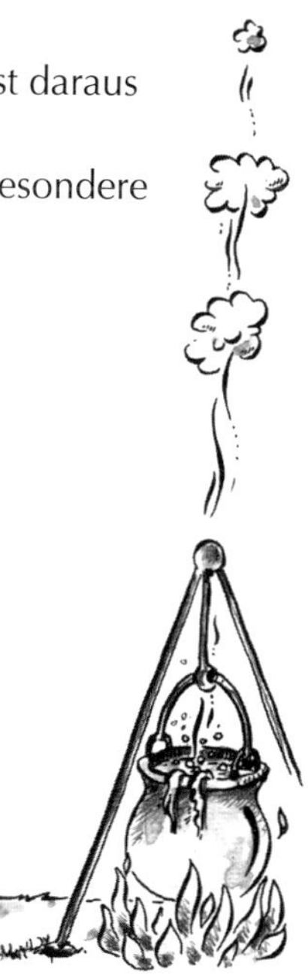

BVK KI08 • Birgitt Lokan/Helga Niggemann: Kita aktiv „Projektmappe Hexen und Zauberer"

Hexenblut (ab 3 Jahren)

Dieser Punsch reicht für 25 Hexenkinder und kann gut von vier Kindern für die gesamte Gruppe zubereitet werden. Das „Hexenblut" verleiht z. B. nach einer anstrengenden Hexenturnstunde neue Kraft!

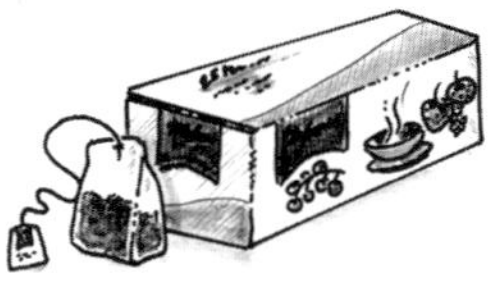

Zutaten:
1 1/2 l Wasser, 6 Beutel Hagebuttentee, 1 1/2 l Blutorangensaft,
3–4 Esslöffel Honig, 4 Orangen (davon 2 ungespritzt)

Arbeitsmittel:
1 Kochtopf, 1 Zitronenpresse, 1 große Schüssel, 1 Esslöffel, 1 Rührlöffel, 4 Kinderschürzen, 1 tiefer Teller für Abfälle, 1 Kelle, 2 große Messer (z. B. Brotmesser), 2 Schneidebrettchen

Zunächst das Wasser im Topf zum Kochen bringen, die Teebeutel hineingeben und sie etwa 5 Minuten ziehen lassen. Dann wird der Tee mit 3–4 Esslöffel Honig abgeschmeckt und beiseitegestellt, damit er gut abkühlen kann. **Tipp:** Stellen Sie den Topf in eine große Schüssel oder ins Spülbecken mit kaltem Wasser und geben Sie Eiswürfel hinzu, dann kühlt der Tee schneller ab.
Nun wird der Saft von zwei Orangen gepresst und zusammen mit dem Blutorangensaft in den abgekühlten Tee gegossen. Die beiden ungespritzten Orangen gründlich abwaschen, mit dem Brotmesser in gleichmäßige Scheiben schneiden (dies kann von der Erzieherin vorbereitet bzw. von einem einzelnen Kind ausgeführt werden) und diese in die Schüssel geben. Die Flüssigkeit aus dem Topf dazugießen. Das „Hexenblut" mindestens eine Stunde ziehen lassen.

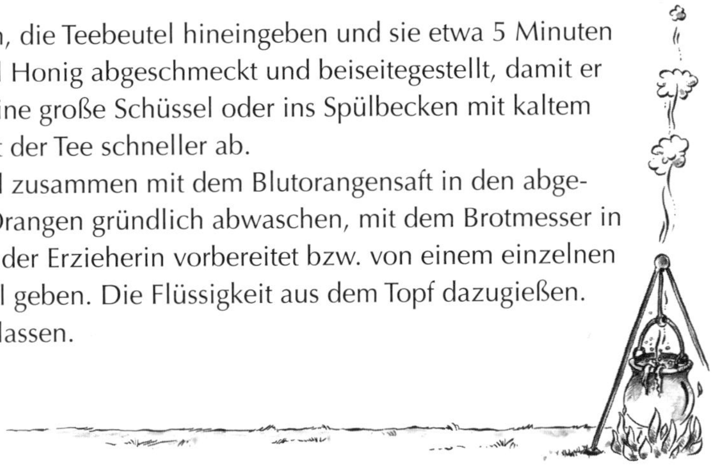

BVK KI08 • Birgitt Lokan/Helga Niggemann: Kita aktiv „Projektmappe Hexen und Zauberer"

Gute-Laune-Quark (ab 3 Jahren, für 4–6 Kinder)

Heute wollen wir einmal probieren, ob das Gute-Laune-Kraut aus der Geschichte von S. 18 auch bei uns seine wunderbare Wirkung zeigt. Der Gute-Laune-Quark passt als Brotaufstrich zum morgendlichen Frühstück, schmeckt aber auch gut als Dipp für Gemüsesticks zu jeder Tageszeit. Die Zutaten reichen für 20–25 Kinder.

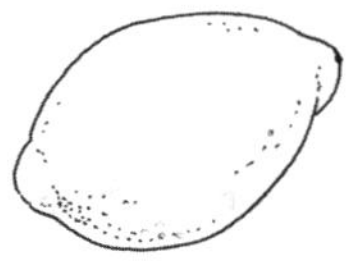

Zutaten:
1 kg Quark, 1 Becher Sahne, 2 Becher Joghurt,
evtl. 2 Knoblauchzehen, 3 Schälchen Kresse,
1/2 Zitrone, Salz und Pfeffer (am besten frisch aus der Mühle)

Arbeitsmittel:
1 Rührschüssel, 1 Schneebesen (oder ein Handmixer mit Rührhaken), 3–4 Brettchen, 3–4 Küchenmesser, 1 Zitronenpresse, 2 Esslöffel, 1 Schale für Grünabfälle, 1 Schale für schmutzige Arbeitsgeräte, 1 Schale für übrige Abfälle, evtl. 1 Knoblauchpresse

Den Quark mit dem Joghurt in eine Rührschüssel geben und cremig rühren. Nach und nach die Sahne hinzugeben und alles miteinander vermixen. Nun wird der Saft einer halben Zitrone gepresst. Von dem Zitronensaft erst einmal 1 Esslöffel unter den Quark rühren, mit Salz und Pfeffer abschmecken, und, je nach Geschmack, noch etwas Zitronensaft dazugeben. Nun kommt das Gute-Laune-Kraut in den Quark. Die Kresse waschen, trockentupfen, kleinschneiden und mit einem Esslöffel vorsichtig unter den Quark heben. Bei Bedarf noch zwei Knoblauchzehen schälen, pressen und unterrühren.

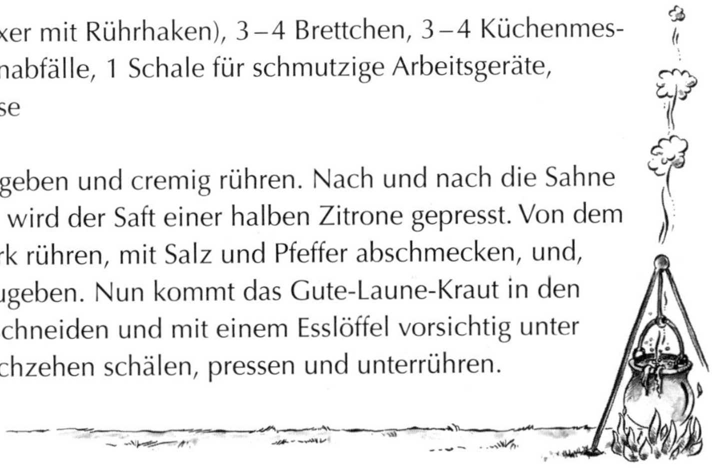

BVK KI08 • Birgitt Lokan/Helga Niggemann: Kita aktiv „Projektmappe Hexen und Zauberer“

Spinnenkräcker (ab 3 Jahren, für 4–6 Kinder)

Spinnen sind die Lieblingstiere der Hexen und Zauberer und leben auch in den Ritzen und Nischen eines jeden Zauberschlosses. Ganz mutige Hexen und Zauberer verzehren sie manchmal als besonders leckere Speise und unsere Spinnen sind sogar sehr herzhaft und gesund.

Zutaten:
runde Salz- oder Sesamcracker (pro Spinne benötigt man 2), 1 Paket Salzstangen, 200 g Frischkäse, 250 g Kräuterquark, 1 Salatkopf, 1 kleines Glas Oliven (alternativ 1 kleines Glas Cornichons)

Arbeitsmittel:
pro Kind: 1 Teelöffel, 1 Brettchen, 1 Schürze, *zudem:* 2–3 große Teller, 1 kleines und 1 großes Küchensieb, 1 Rührschüssel, 4–5 Schälchen, 2–3 Trinkgläser, 1 Schneebesen (alternativ: Handmixer), 1 Messer

Die Blätter vom Salatkopf abzupfen, waschen und in dem großen Sieb gut abtropfen lassen. Den Frischkäse mit dem Kräuterquark cremig rühren. Die Oliven (oder Cornichons) abgießen, in feine Scheiben schneiden und in ein Schälchen legen. Dann die Salzstangen in Trinkgläser verteilen und gut erreichbar für jedes Kind auf den Tisch stellen. Die Cracker werden gleichmäßig in 2–3 Schälchen gefüllt und ebenfalls auf dem Tisch aufgeteilt. Nun nimmt sich jeder einen Cracker, einen Teelöffel und ein Brettchen und streicht von der Käse-Quark-Mischung einen Löffel auf den Cracker. Zwei Salzstangen werden in acht gleichlange Stücke gebrochen und als Beine in die Füllung gedrückt. Als Rücken kommt ein zweiter Cracker darauf. Aus zwei Olivenscheiben (alternativ Cornichonscheiben) werden die Spinnenaugen gelegt und die Spinne wird auf einem Salatblatt angerichtet.

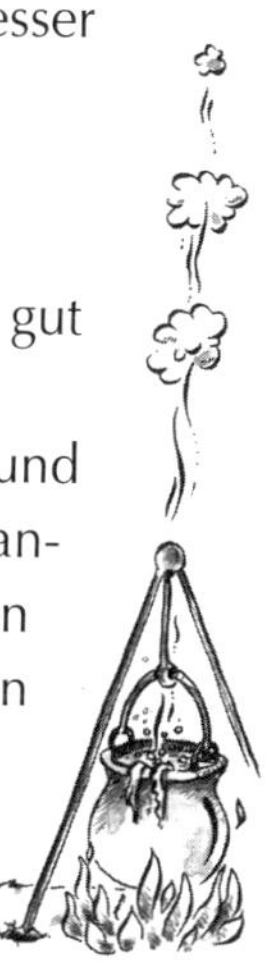

BVK KI08 • Birgitt Lokan/Helga Niggemann: Kita aktiv „Projektmappe Hexen und Zauberer“

Herzhafte Mäuse (ab 3 Jahren, für 4–6 Kinder)

Zutaten:
2 Salatgurken, 6 Radieschen, 1 Paprikaschote, je 1 Bund Schnittlauch, Petersilie, Basilikum und Dill, 1 Salatkopf, 400 g Frischkäse, 6 Esslöffel Mineralwasser, ½ Zitrone, Salz, Pfeffer und Paprikapulver zum Abschmecken, evtl. 1 Knoblauchzehe

Arbeitsmittel:
pro Kind: 1 Schneidebrett, 1 Messer, 1 Teelöffel, 1 Schürze, *zudem:* 5 Schüsseln, 1 Sieb, 1 Rührschüssel, 1 Handmixer, 2–3 große Teller, 1 Esslöffel, 1 Zitronenpresse, Küchenkrepp, evtl. 1 Knoblauchpresse

Den Salat, das Gemüse und die Kräuter gründlich waschen. Die Kräuter auf ein Küchenkrepp legen und trockentupfen. Die Salatblätter werden gezupft und zum Abtropfen in ein Sieb gegeben. Nun erhält jedes Kind ein Stück Salatgurke. Dieses wird in ca. 1 cm dicke Scheiben (= Unterteil) geschnitten. Die Radieschen werden ebenfalls in dünne Scheiben (= Ohren) geschnitten. Die Paprika wird gewürfelt (= Augen). Das geschnittene Gemüse in jeweils eine Schüssel geben. Den Schnittlauch in etwa 5 cm lange Halme schneiden und in einer separaten Schüssel beiseitestellen. Die übrigen Kräuter kleinhacken und zusammen in eine Schüssel geben. Den Frischkäse mit sechs Esslöffeln Mineralwasser und zwei Esslöffeln Zitronensaft in eine Rührschüssel füllen und cremig rühren. Die feingehackte Kräutermischung unterheben und mit Salz, Pfeffer und Paprika abschmecken. Wer möchte, kann auch eine Knoblauchzehe pressen und mit unterrühren. Mit einem Teelöffel einen Hügel Käsecreme auf die Gurkenscheibe häufen, Radieschenscheiben als Ohren in die Creme setzen, Schnittlauchhalme als Mäuseschwanz und Schnurrbarthaare verwenden.

Tipp: Anstatt der Salatgurke als Unterteil für die Maus können auch runde Cracker oder kleine runde Scheiben Schwarzbrot/Pumpernickel verwendet werden.

Handgemachte Seife (ab 5 Jahren, für 4 Kinder)

Wer eine schöne Hexe sein will, muss auch gut riechen! Und ganz besonders persönlich ist selbst gemachte Seife.

Material:
1 Kochtopf, 1 kleinerer Kochtopf, der gut in den ersten Topf passt, 120 ml Wasser, 2 Seifenreste à 100 g (möglichst weiß und geruchsfrei), 4 Schneidebretter, 4–6 Ausstechförmchen (wenn vorhanden in Hexenform), 4 Küchenmesser, 4 Nudelhölzer, 1 Rolle Küchenkrepp, Backpapier (für jedes Kind 2 Stücke von etwa 20 cm x 20 cm, 1 Kochlöffel, 1 E-Herd oder 1 Kochplatte, 1 Packung Küchenhandschuhe, 2 Pfannenwender, 1–2 Duftöle (z. B. Rose, Jasmin, Pfirsich, Kirsche etc.), evtl. 2 Gemüsereiben

Arbeitsanleitung:
1. Zuerst werden die Seifenreste auf dem Brettchen mit einem Messer in kleine Stückchen geschnitten.
2. Dann werden diese mit ein wenig Wasser in den kleineren Kochtopf gegeben. Der andere Kochtopf wird bis zur Hälfte mit Wasser gefüllt und der kleine Topf hineingestellt. Das Wasser bei mittlerer Temperatur auf dem Herd erhitzen.
3. Die Seifenstücke mit dem Kochlöffel verrühren, bis die Seife weich, geschmeidig und ohne Klumpen ist. Bei Bedarf noch ein wenig Wasser hinzufügen. Zudem kommen nun noch etwa zehn Tropfen Duftöl dazu.
4. Wenn eine dickflüssige Masse entstanden ist, nimmt die Erzieherin (mit den Küchenhandschuhen) den Kochtopf vom Herd und holt die Seifenmasse aus dem Topf.
5. Die Masse wird auf das Backpapier gelegt und jedes Kind erhält ein kleines Stück davon. Wenn die Seifenmasse handwarm abgekühlt ist, lässt sie sich bearbeiten wie ein Mürbeteig. Die Kinder formen aus dem Seifenteig eine Kugel und drücken sie auf dem Backpapier etwas flach.

Dann wird das zweite Backpapier darübergelegt und der Teig mit dem Nudelholz etwa 3 cm dick ausgerollt. Anschließend das zweite Papier zur Seite legen. Mit den Ausstechförmchen werden nun dicht an dicht Motive ausgestochen. Diese werden vorsichtig mit dem Pfannenwender vom Backpapier genommen und zum vollständigen Abkühlen auf Küchenkrepp gelegt. Der Seifenteig kann mehrmals ausgerollt werden und immer mehr Figuren ausgestochen werden, bis es nicht mehr geht. Aus dem letzten Teigrest wird eine Seifenkugel geformt. Übriggebliebene Reste können aber auch beim nächsten Mal wieder eingeschmolzen werden.

Tipps:
- Es erfordert von den Kindern bereits gute feinmotorische Fähigkeiten und Geschick, die Seife mit dem Messer in kleine Stücke zu schneiden. Bereiten Sie die Seifenstücke vor, indem Sie diese mit einem Messer so zurechtschneiden, dass eine glatte Schnittfläche entsteht. Wenn die Kinder ihr Seifenstück auf diese glatte Schnittfläche legen, rutscht es nicht so leicht weg.
- Eine weitere Möglichkeit – auch für jüngere Kinder – ist, Seifenstücke auf einer Gemüsereibe grob zu raspeln.
- Die Kinder können farbige Seifenfiguren herstellen, indem sie Lebensmittelfarbpulver im Wasser auflösen (bitte nur wenig und sehr vorsichtig dosieren!).
- Es gibt Buchstaben- und Zahlenausstechformen. Die Kinder können diese benutzen und den Anfangsbuchstaben ihres Namens oder ihr Alter als Seife herstellen. Solche Seifenstückchen sind auch ein zauberhaft gutes Geburtstagsgeschenk!

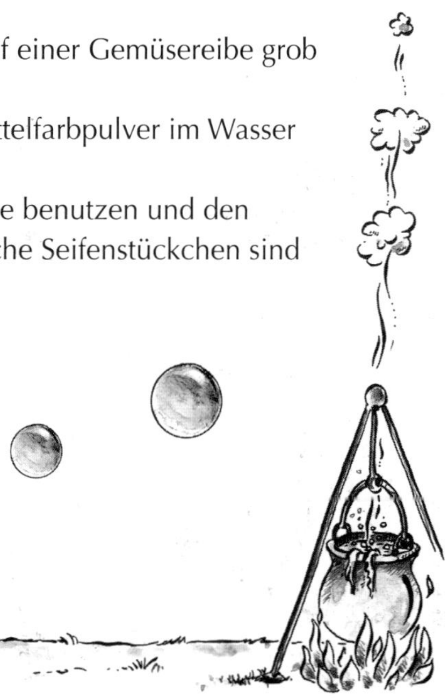

BVK KI08 • Birgitt Lokan/Helga Niggemann: Kita aktiv „Projektmappe Hexen und Zauberer“

Bilder-Kopiervorlage von Zutaten und Haushaltsgegenständen

Hexenblut:

Gute-Laune-Quark:

Spinnenkräcker:

Herzhafte Mäuse:

BVK KI08 • Birgitt Lokan/Helga Niggemann: Kita aktiv „Projektmappe Hexen und Zauberer"

Mias Hexenhaus (ab 4 Jahren)

Hexe Mia baut ein neues Hexenhaus. Hilf ihr beim Bauen.

Zeichne alle gepunkteten Linien nach.

Male alle viereckigen Fenster gelb.

Male alle dreieckigen Fenster blau.

Male alle runden Fenster grün.

Male die Haustür rot.

Nun braucht die Hexe Mia noch einen bunten Garten.

Male ihn um das Hexenhaus herum.

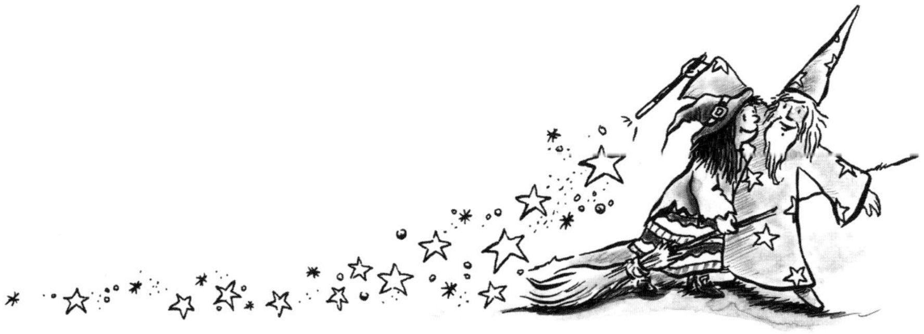

BVK KI08 • Birgitt Lokan/Helga Niggemann: Kita aktiv „Projektmappe Hexen und Zauberer"

Wie viele Tiere sind hier? (ab 4 Jahren)

Die Hexe Mia will Tiere zählen. Hilfst du ihr?

Male die passenden Punkte (zum Beispiel ⁙) in das Viereck vor den Tieren.

Schreibe die entsprechende Ziffer in das Viereck hinter den Tieren.

BVK KI08 • Birgitt Lokan/Helga Niggemann: Kita aktiv „Projektmappe Hexen und Zauberer“

Groß – klein – leicht – schwer – dick – dünn (ab 5 Jahren)

Material:
Legekarten (s. S. 41) und Spielkarten (s. S. 42), Pappe, Stifte, Laminierfolie und -gerät

Arbeitsanleitung:
Die Spiel- und Legekarten kopieren, farbig ausmalen, auf feste Pappe kleben und anschließend laminieren.

Einführung:
Im Zauberwald war alles so gut aufgeräumt. Alle großen Dinge waren in der Höhle des Riesen aufbewahrt, alle kleinen beim Zwerg im Zwergenstübchen. Alles, was besonders schwer war, gehörte ins Zauberschloss und alle leichten Sachen in das Hexenhaus. Die dünnen Dinge gehörten dem dürren Zauberer und die dem dicken Räuber. Nun wollte die Wetterhexe dem Zauberer ein Schnippchen schlagen und hat einen kräftigen Wind in den Zauberwald geweht, der alles durcheinandergewirbelt hat. Wer hilft dem Zauberer beim Aufräumen und Sortieren?

Spielregeln:
Die Legekarten werden wie folgt gleichmäßig unter den Spielern verteilt: Die Karten liegen mit dem Bild verdeckt auf dem Tisch und die Kinder ziehen reihum eine Legekarte, bis jeder gleich viele hat.
Die Spieler legen ihre Karte(n) aufgedeckt vor sich auf den Tisch.
Nun werden die Spielkarten gemischt und in der Tischmitte verdeckt ausgelegt.
Das jüngste Kind fängt an. Es deckt eine Spielkarte auf, benennt das Bild, erklärt, zu welcher Kategorie (leicht, schwer, groß, klein, dick, dünn) die Abbildung gehört, und ordnet sie der entsprechenden Legekarte zu (auch, wenn diese einem anderen Kind gehört.). Kann es sich nicht entscheiden, legt das Kind die Spielkarte wieder verdeckt zu den anderen Karten. Wer hat als Erster neben all seinen Legekarten vier passende Bilder liegen?

Tipps:
- Besprechen Sie die Lege- und Spielkarten vor Beginn des Spiels mit den Kindern und sortieren Sie diese einander zu.
- Geben Sie im Vorfeld den Kindern die Gelegenheit, die Begriffe praktisch zu erfahren, z. B. indem sie Leichtes und Schweres in den Händen abwägen oder auf einer Waage wiegen. Lassen Sie die Kinder mit einem Maßband oder einem Lineal unterschiedlich dicke/dünne Gegenstände oder kleine/große Dinge messen.
- Suchen Sie mit den Kindern in der natürlichen Umgebung nach Unterschieden und wenden Sie die Begriffe darauf an.
- Fertigen Sie Karten zur Selbstkontrolle an, indem Sie die Legekarten und Spielkarten kopieren und die zusammengehörenden Karten als Streifen quer auf DIN-A4-Blätter kleben.

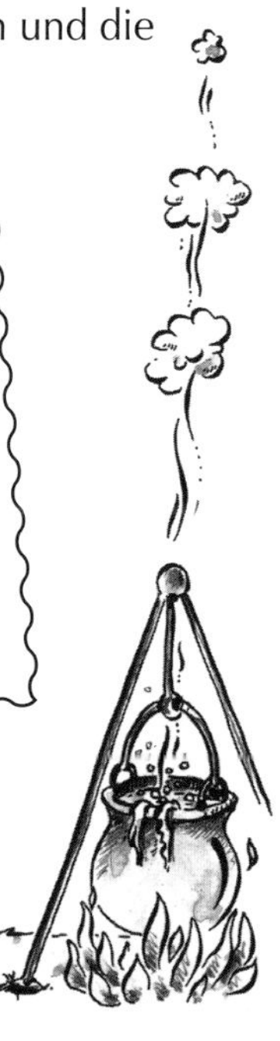

BVK KI08 • Birgitt Lokan/Helga Niggemann: Kita aktiv „Projektmappe Hexen und Zauberer"

Kopiervorlage zu „Groß – klein – leicht – …“ (1)

Legekarten

groß

klein

schwer

leicht

dünn

dick

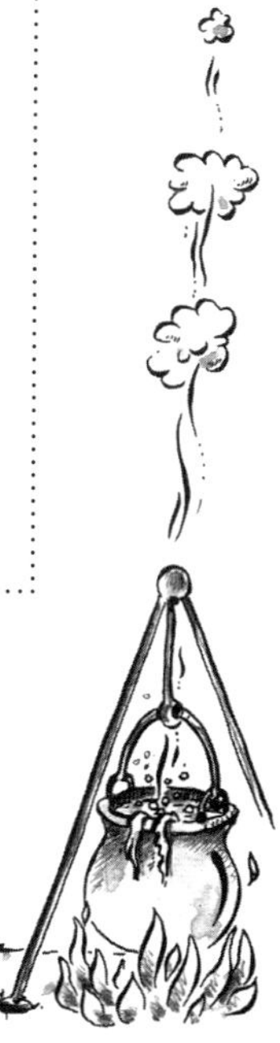

Kopiervorlage zu „Groß – klein – leicht – …“ (2)

Spielkarten

(leicht)

(schwer)

(dünn)

(dick)

(groß)

(klein)

BVK KI08 • Birgitt Lokan/Helga Niggemann: Kita aktiv „Projektmappe Hexen und Zauberer“

Hexenernte (ab 2 Jahren, für 2–4 Kinder)

Material:
Vorlagen (s. unten und s. S. 44), 24 leere Streichholzschachteln, DIN-A4-Papier (je 1 Bogen Rot, Gelb, Grün und Weiß), jeweils 21 Maiskörner, grüne Erbsen, rote Bohnen, weiße Bohnen, 1 Materialschale, 1 Augenwürfel, 1 Farbwürfel mit den Farben Rot, Grün, Gelb, Weiß (die anderen beiden Farben sind egal)

Vorbereitung:
Die Vorlagen je einmal auf das farbige Papier kopieren, ausschneiden und um die Streichholzschachteln kleben. Alle Körner in die Schale füllen.

Einführung:
Heute ernten die Hexen in ihrem Garten hinter dem Hexenhaus ihre Sträucher ab. Doch, oh je, die ganze Ernte ist durcheinandergeraten. Eifrig sortieren die Hexen ihre Körner. Wer fährt die beste Ernte ein?

Spielregel:
In der Mitte des Tisches werden die verschiedenfarbig beklebten Schachteln verteilt. Je nach Alter bzw. Entwicklungsstand der Kinder kommt die Ziffern- oder Punktseite nach oben.
Die Schale mit den unterschiedlichen Körnern steht ebenfalls in der Tischmitte. Nun würfeln das erste Kind mit dem Farb- und dem Augenwürfel, nimmt sich die zum Würfelbild passende Schachtel und zählt die entsprechende Anzahl Körner hinein (z. B. der Farbwürfel zeigt gelb und der Augenwürfel zeigt 6 = in die gelbe Schachtel mit der 6 bzw. den sechs Augen werden sechs Maiskörner hineingezählt).
Das Kind darf die gefüllte Schachtel vor sich hinlegen. Dann ist das nächste Kind an der Reihe. Wer hat am Ende die meisten gefüllten Schachteln vor sich liegen?

Hinweis:
Der Farbwürfel hat zwei Farben mehr als benötigt werden, daher wird vorher bestimmt, dass z. B. die hellere Farbe freie Farbwahl und die dunklere Farbe einmal aussetzen bedeutet.

Varianten:
- Nur den Farbwürfel einsetzen. Das Kind wählt dann eine passende Schachtel aus und füllt entsprechend der aufgedruckten Zahl die farbig passenden Körner in die Schachtel.
- Nur den Augenwürfel einsetzen und je nach Entwicklungsstand der Kinder die Schachtel mit der Ziffern- oder Würfelpunktseite nach oben legen.
- Die Kinder sortieren die Körner aus der Körnerschale frei in die passenden Schachteln (nach Farben und/oder nach Ziffern).
- Bei sehr jungen Kindern nur die Schachteln von 1–3 und einen entsprechenden Würfel einsetzen (gibt es zu kaufen oder kann aus einem Blankowürfel selbst hergestellt werden).

Blanko-Vorlage (für die individuelle Erweiterung der „Hexenernte")

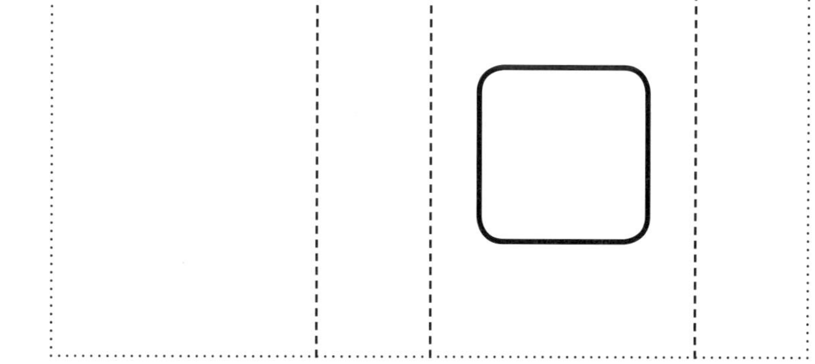

Kopiervorlage zu „Hexenernte“ (ab 2 Jahren)

1	2	3
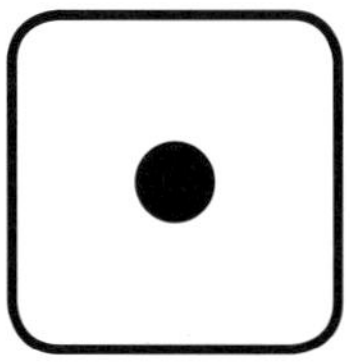	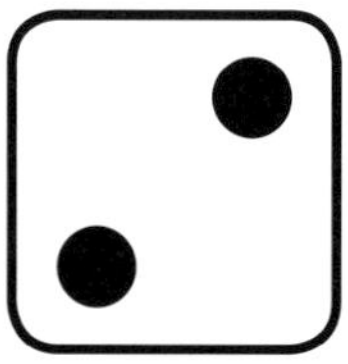	
4	5	6

.... schneiden

\- - - - - - - - - - falten

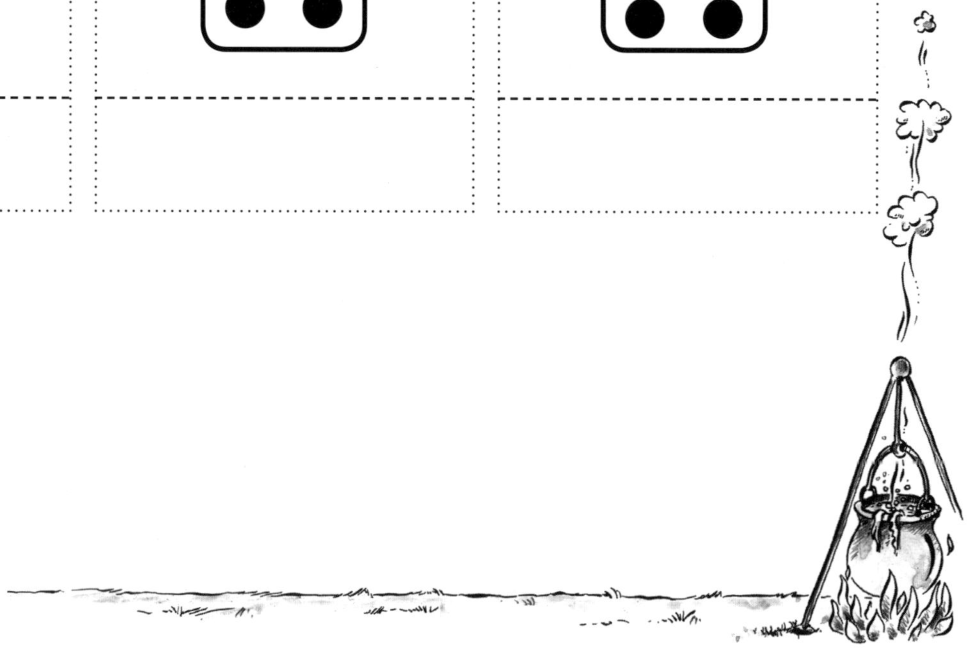

BVK KI08 • Birgitt Lokan/Helga Niggemann: Kita aktiv „Projektmappe Hexen und Zauberer“

Hexenlaterne (1) (ab 4 Jahren)

Material:
Vorlagen (s. S. 46 und 47), Fotokarton schwarz, Fotokartonreste in Gelb, Hautfarben, Rot, Violett, Blau und Grün, Architektenpapier, bunte Flechtstreifen (jeweils 50 cm lang, 8 pro Laterne) für die Hexentreppen, roter Bast für die Haare, Buntstifte, evtl. 2 Wackelaugen, Scheren, Klebstoff, 1 weißer Buntstift, 1 Falzbein, Materialien für die ausgewählte Technik bei 3. (siehe unten)

Arbeitsanleitung:

1. Kopieren Sie die Vorlagen und fertigen Sie daraus Schablonen an.
   Übertragen Sie die Schablonen wie folgt mit dem weißen Buntstift auf Fotokarton (die Farben können die Kinder selbstverständlich auch frei wählen):
   - 2 x den Hexenkörper auf schwarzen Fotokarton
   - 1 x einen Mittelstreifen auf schwarzen Fotokarton, an den gestrichelten Linien falzen
   - 2 x den Arm auf roten Fotokarton
   - 1 x den Kopf auf hautfarbenen Fotokarton
   - 2 x den Hut auf violetten, grünen oder blauen Fotokarton
   - 10 x den Stern auf gelben Fotokarton (alternativ können Sie die Sterne mit einem Motivlocher ausstanzen)
2. Nun schneiden die Kinder diese Teile aus, der Mittelstreifen wird nach dem Beispiel der Schablone gefalzt.
3. Für den Innenteil des Hexenkörpers benötigen Sie Architektenpapier in der Größe DIN A5.
   Das Architektenpapier gestalten die Kinder zunächst farbig, z. B. mit folgenden Techniken:
   - **Hexenritt:** s. S. 22
   - **Finger- oder Korkdruck:** Mit transparenter Fingermalfarbe drucken die Kinder ein buntes Muster.
   - **Schnipseltechnik:** Die Kinder bestreichen das Architektenpapier mit Kleister und bekleben es dicht an dicht mit farbigen Schnipseln aus Transparentpapier.
   - **Wachsbügeltechnik:** Das Architektenpapier wird auf das Format DIN A6 gefaltet. Auf die eine Hälfte malen die Kinder mit Wachsmalstiften, die einen hohen Anteil Bienenwachs enthalten, ein buntes Muster. Anschließend falten sie das Papier zur anderen Seite um, sodass die bemalte Seite innen liegt, und bügeln mit einem heißen Bügeleisen von außen darüber. Die Wachsfarben schmelzen und drucken sich auf die andere, unbemalte Hälfte ab.

   Nach dem Trocknen des Architektenpapiers schneiden Sie mit Hilfe der Schablone „Innenteil" Dreiecke aus und kleben diese auf die beiden Hexenkörperteile.
4. Auf ein Kopfteil malen die Kinder nun das Gesicht der Hexe (die Augen können gezeichnet oder mit Wackelaugen aufgeklebt werden). Mit roten Baststücken von 3–5 cm Länge kleben die Kinder seitlich auf die Rückseite des Kopfes langes Haar und auf die Vorderseite einen Pony auf. Nun befestigen sie den Hut am oberen Kopfrand, sodass die roten Haare noch gut sichtbar sind. Der zweite Teil des Hutes wird gegengleich von der Rückseite aufgeklebt und beidseitig mit den gelben Sternchen verziert.
5. Dann wird der Mittelstreifen zwischen die beiden Körperteile geklebt.
6. Danach kleben die Kinder rechts und links auf eine Seite des Hexenkörpers, etwa in Höhe der mit x gekennzeichneten Stellen, die Arme der Hexe und zum Schluss über die obere Spitze des Dreieck-Körpers den Kopf.
7. Die Beine der Hexen falten die Kinder mit Hilfe der Flechtstreifen zu Hexentreppen. Dazu benötigen sie für jedes Bein vier Flechtstreifen in einer beliebigen Farbe. Zwei Streifen werden an den Enden versetzt übereinandergeklebt, sodass sie einen rechten Winkel bilden. Nun wird der waagerechte Streifen nach links gefaltet, der senkrechte Streifen nach oben, der waagerechte wieder nach rechts und dann der senkrechte nach unten. Diesen Faltvorgang wiederholen die Kinder, bis der Streifen aufgebraucht ist.
   Die Enden werden festgeklebt. Mit den nächsten beiden Flechtstreifen verfahren die Kinder ebenso und kleben dann die beiden Hexentreppen an ihren Enden zu einem langen Teil zusammen. So entsteht das erste Bein für die Hexenlaterne. Das zweite Bein wird genauso aus weiteren vier Flechtstreifen hergestellt.
   Zum Schluss kleben die Kinder ihre Beine unter das Bodenteil der Hexenlaterne.

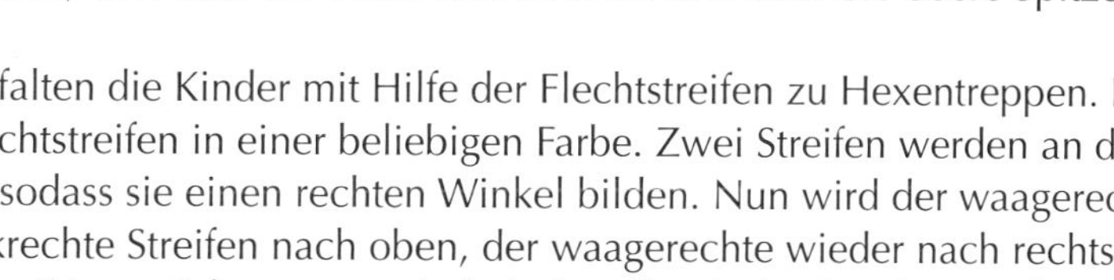

Kopiervorlage zu „Hexenlaterne“ (1)

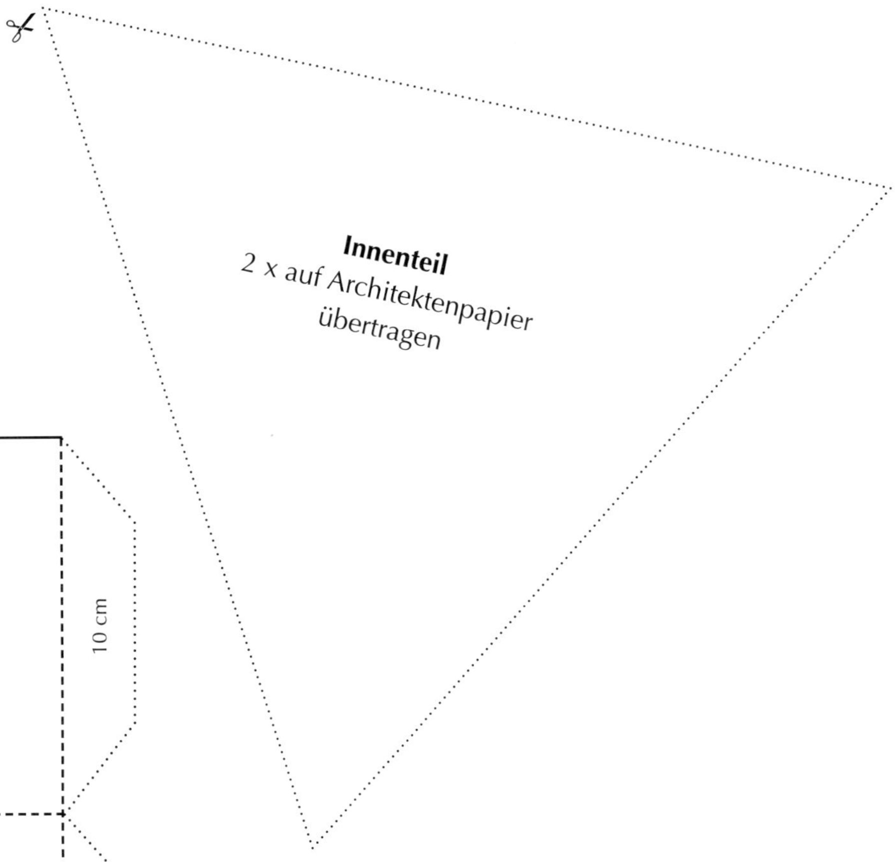

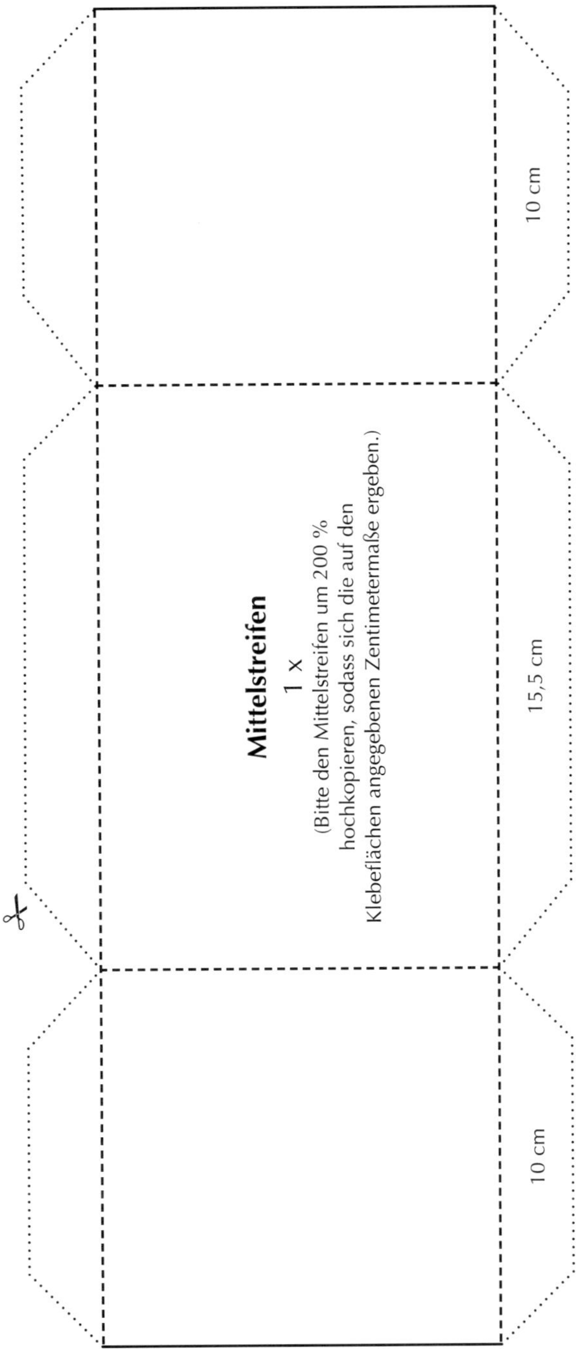

Verzierungen
für den Hut

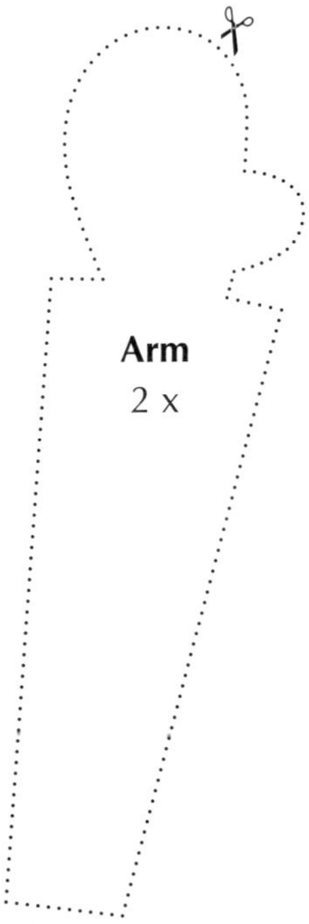

BVK KI08 • Birgitt Lokan/Helga Niggemann: Kita aktiv „Projektmappe Hexen und Zauberer“

(bitte bei Bedarf hochkopieren)

Kopiervorlage zu „Hexenlaterne“ (2)

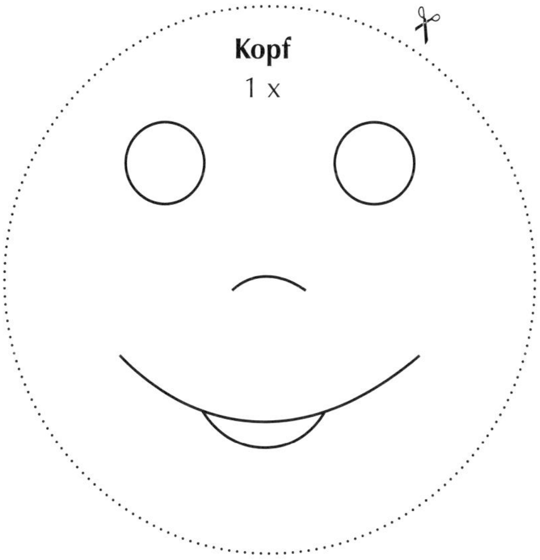

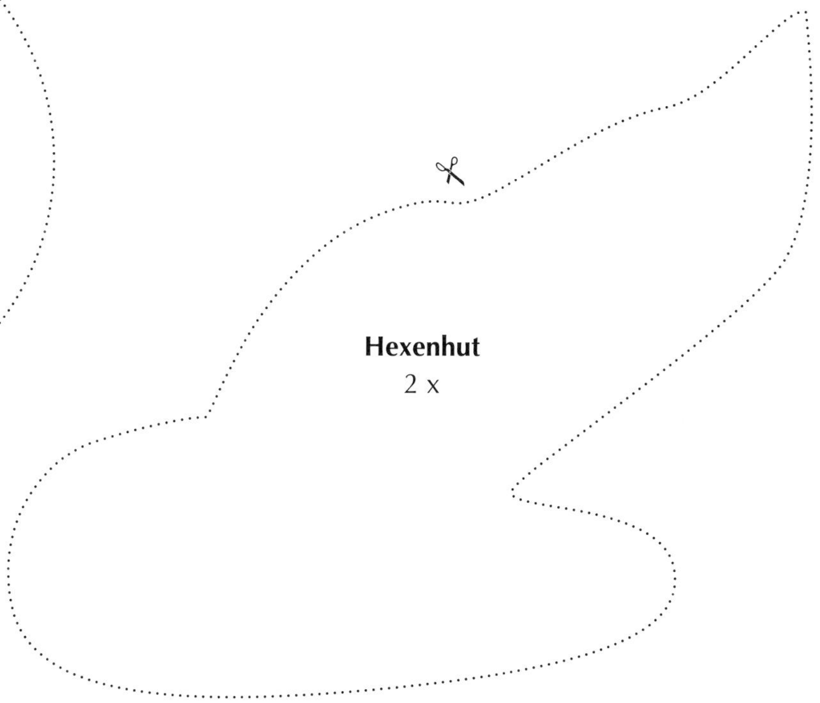

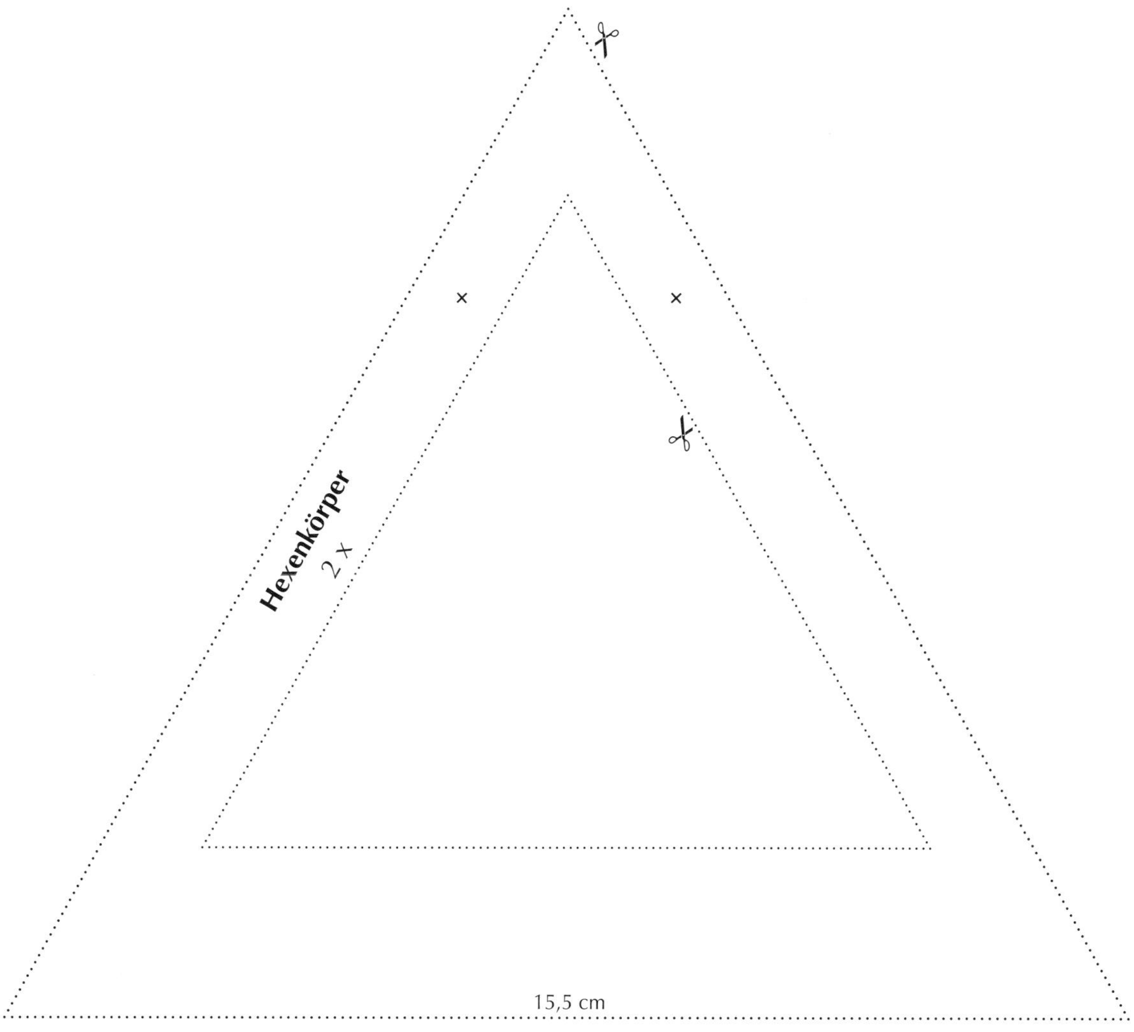

(bitte bei Bedarf hochkopieren)

Heia, Walpurgisnacht! (1) **(eine Rallye für Kinder ab 5 Jahren)**

Kinder im Vorschulalter lieben Rallyes oder Schnitzeljagden. Die hier aufgeführte, erprobte Rallye können Sie problemlos an Ihre örtlichen Gegebenheiten anpassen. Eine besonders gute Hexenstimmung lässt sich erzeugen, wenn Sie die Rallye mit Ihren Kindern in einem Waldgebiet durchführen können.

Einladung

Die Einladung muss natürlich auf den Anlass abgestimmt werden. Hier ein Vorschlag für eine Einladung zum Abschluss der Kindergartenzeit mit einer Übernachtung in der Jugendherberge oder im Kindergarten.

Hexen gebt gut Acht!
Heute ist Walpurgisnacht!

Eulenfurz und Spinnenbein

am ______________________
(Datum einsetzen)

soll es sein!

Eltern sind doch oft ein Graus,
darum lasst sie bloß zu Haus!
Mit Hexenkraft könnt ihr sie zwingen,

euch um ______________ Uhr
in die Kita zu bringen.

Drachentränen, Böllerschuss

am __________ um ________ Uhr
ist Hexenschluss.

Katerbiss und Krötenblut,
unsere Nacht wird hexisch gut!

Einladung für die Hexen (Mädchen)

Zauberer gebt gut Acht!
Heute ist Walpurgisnacht!

Eulenfurz und Spinnenbein

am ______________________
(Datum einsetzen)

soll es sein!

Eltern sind doch oft ein Graus,
darum lasst sie bloß zu Haus!
Mit Zauberkraft könnt ihr sie zwingen,

euch um ______________ Uhr
in die Kita zu bringen.

Drachentränen, Böllerschuss

am __________ um ________ Uhr
ist Zauberschluss.

Katerbiss und Krötenblut,
unsere Nacht wird verzaubert gut!

Einladung für die Zauberer (Jungen)

Vorbereitung der Erzieherinnen für die Rallye

Alle Erwachsenen, die bei der Rallye helfen, sollten die Strecke vorher kennengelernt haben und miteinander Zeichen vereinbaren, die der Vorläufer, der die Aufgaben verteilt, auf dem Weg, besonders an Abzweigen, auslegt. Zum Beispiel können Zweige oder Steine zu Pfeilen geformt und mitten auf den Weg gelegt werden. Dicke Wollfäden können an Büsche gebunden oder auf den Weg gelegt werden. Oder Sie hängen immer mal wieder aufgeblasene Luftballons an Bäume oder Büsche. Je nachdem, welche Zeichen Sie vereinbaren, gehören zusätzlich entsprechende Materialien (Wolle, Luftballons ...) in den Materialrucksack des Vorläufers.

BVK KI08 • Birgitt Lokan/Helga Niggemann: Kita aktiv „Projektmappe Hexen und Zauberer"

Heia, Walpurgisnacht! (2) (eine Rallye für Kinder ab 5 Jahren)

Eine Rallyegruppe sollte maximal 6–7 Kinder stark sein und von einem Erwachsenen (Erzieherin, Eltern) begleitet werden. Stellen Sie kleine **Hexenbesen** aus Weidenrutenstücken und farbigem Bast gemäß der Anzahl der Kinder her. Die Gruppenzusammensetzung ergibt sich aus den gleichen Bastfarben. Die Gesichter der Kinder werden mit Hexen- und Zaubererzeichen bemalt. Dazu Schminkstifte in unterschiedlichen Farben bereitlegen.
Die Rallyeaufgaben 1–9 sind in ihrer Reihenfolge austauschbar. Ebenso können Sie einzelne Aufgaben weglassen oder durch neue ersetzen. Auf S. 52 ist aufgeführt, welche Materialien Sie für die einzelnen Aufgaben benötigen.

Achtung: Ein Erwachsener/eine Erzieherin braucht einen guten Vorsprung vor der ersten Rallyegruppe, um die Aufgabenkärtchen auf der Strecke zu verteilen (z. B. Kärtchen rollen und an Büsche binden). Zudem muss er/sie auf dem Weg einzelne Aufgaben vorbereiten, siehe Hinweise dazu auf Seite 52. Eine Möglichkeit, den Vorsprung zu gewähren, ist, an die Stiele der Hexenbesen Rätsel (s. S. 51) zu befestigen, welche die Kinder zunächst lösen müssen. Geeignet sind natürlich spezielle Rätsel rund um Hexen und Zauberer, aber auch Rätsel aus der Natur.

Hexenbesen mit Rätseln zur Einteilung in Gruppen

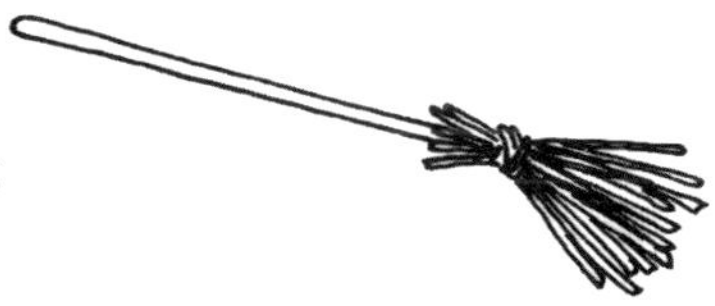

Material:
Bast in verschiedenen Farben, Weidenruten ca. 0,5 cm Durchmesser, Stock

Arbeitsanleitung:
Schneiden Sie die Weidenruten in etwa 16 cm lange Stücke. Wickeln Sie um die vier Finger Ihrer linken Hand ca. 13-mal Bast in einer Farbe. Nun ziehen Sie den Bast von den Fingern ab, schneiden ihn an einem Ende auf und schieben den Stock dazwischen. Mit einem etwa 6 cm langen Bastfaden binden Sie das Bastbüschel fest um das Ende des Stocks. Fertig ist der kleine Hexenbesen! An jedem Hexenbesen wird ein Rätsel befestigt (s. S. 51). Die Rätsel bitte entsprechend der Gruppenstärke und -farbe auf farbiges Papier kopieren.

Fledermaus (für den Einstieg in die Rallye)

An der Fledermaus wird die erste Nachricht für die Kinder (s. S. 53) befestigt. Vergrößern Sie die Vorlage (siehe unten), übertragen die Schablone auf schwarze Pappe und schneiden sie aus. Mit einem weißen Stift Augen und Mund aufmalen und mit einem Messer an den mit x------x gekennzeichneten Stellen einritzen. Rollen Sie die Nachricht fest zusammen und schieben Sie sie von hinten nach vorne und wieder nach hinten durch die Öffnungen.

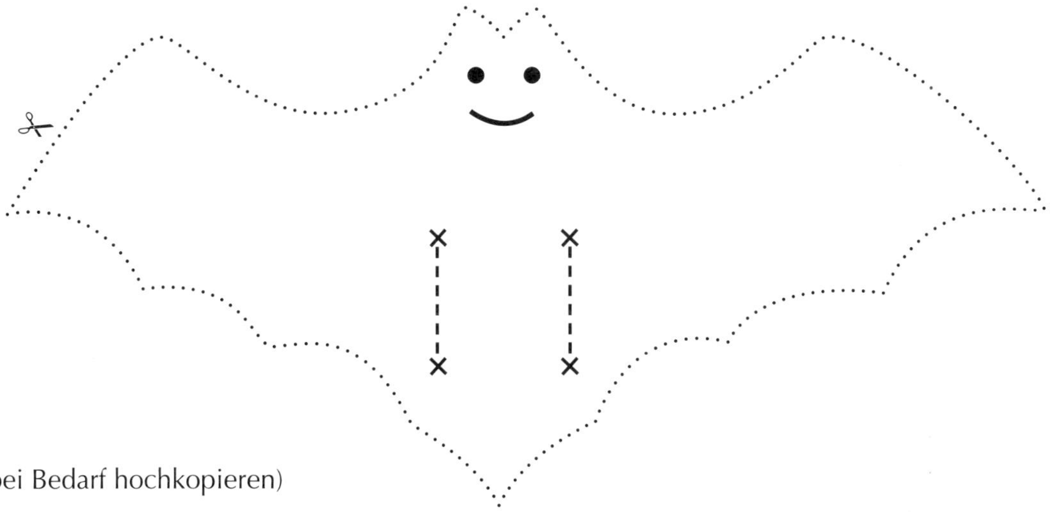

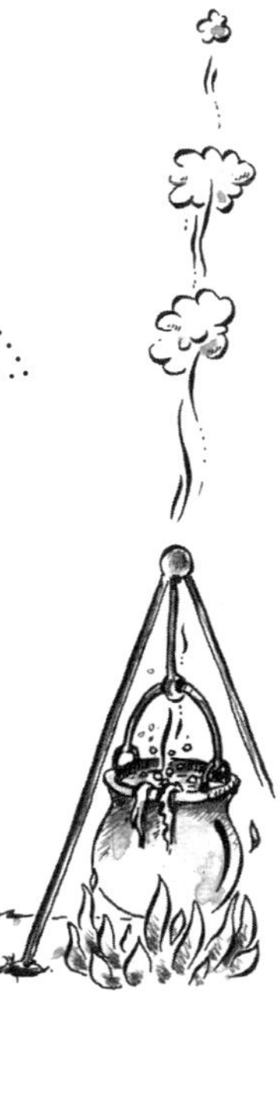

(bitte bei Bedarf hochkopieren)

BVK KI08 • Birgitt Lokan/Helga Niggemann: Kita aktiv „Projektmappe Hexen und Zauberer“

Heia, Walpurgisnacht! (3) (eine Rallye für Kinder ab 5 Jahren)

Energiekristalle (für Aufgabe 6, vorab von den Erzieherinnen vorbereitet)

Kieselsteine mit Fingerfarben in den verschiedenen Gruppenfarben anmalen (mindestens einen pro Kind) und gut in durchsichtige Geschenkfolie einpacken. Die Geschenkfolie verhindert das Abfärben, verleiht dem Stein gleichzeitig einen glänzenden Effekt und vermeidet, dass der Stein bei Kontakt mit Wasser seine Farbe verliert. Bereiten Sie ruhig 2–3 Steine pro Gruppenfarbe mehr als Kinder vorhanden sind vor, um sicherzustellen, dass auch jedes Kind bei der Aufgabe ein „Energiekristall" findet.

Hexenkessel (für Aufgabe 10, vorab von den Erzieherinnen vorbereitet)

Pro Gruppe einen kleinen Plastikeimer mit Deckel vorbereiten, auf dem außen mit einem wasserfesten Stift in der jeweiligen Gruppenfarbe das magische Zeichen (s. S. 54, Aufgabe 3) aufgemalt ist. In jedem Eimer befindet sich ein kleines Fläschchen mit 250 ml Essig.

Eule (für Aufgabe 11, vorab von den Erzieherinnen vorbereitet)

Vergrößern Sie die Eule (mindestens auf DIN A4) und übertragen Sie diese auf braunen Fotokarton. Bekleben Sie den Körper unterhalb des Kopfes mit Federn (erhältlich im Bastelgeschäft) und kleben Sie einen roten Briefumschlag mit der Aufgabe 11 darin auf den Bauch der Eule.

(bitte um 180 % hochkopieren)

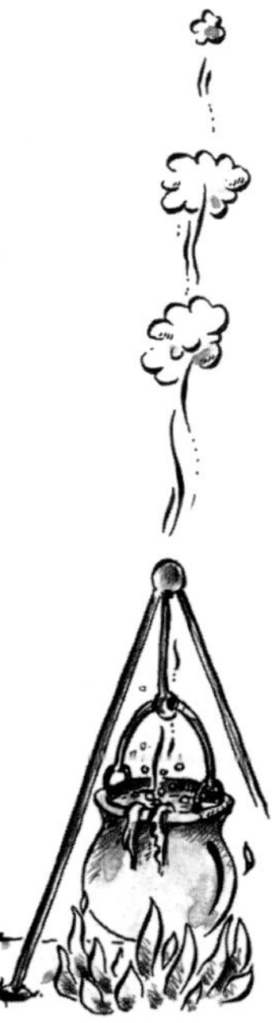

BVK KI08 • Birgit Lokan/Helga Niggemann: Kita aktiv „Projektmappe Hexen und Zauberer"

Heia, Walpurgisnacht! (4) **(eine Rallye für Kinder ab 5 Jahren)**

Er fegt durch Gassen und durch Straßen,
lässt Blätter durch die Wälder rasen.
Mal ist er stark und mal ganz leicht,
der Wetterhex er niemals von der Seite weicht.
Nun sage mir, du kluges Hexenkind,
die Wetterhexe hext den .... *(Wind)*

Abraxas, Abraxas!
Gelb der Schnabel, schwarz das Kleid,
hilft der Hex' in Freud und Leid.
Fliegt neben ihrem Hexenbesen.
Sag, was ist das für ein Wesen? *(Vogel, Rabe)*

Aus Schnee ist er und trägt am Kopf
Mutters alten Suppentopf.
In der Hand hält er 'nen Besen.
Sag, was ist das für ein Wesen? *(Schneemann)*

Ist ein Häuschen mit fünf Stübchen,
drin wohnen braune Bübchen.
Nicht Tür noch Tor führt ein und aus,
wer sie besucht, verzehrt das Haus. *(Apfel)*

Ich bin kleiner als das kleinste Mäuschen
und trage doch mein eigenes Häuschen.
Es ist ganz rund, hat keine Ecke,
bestimmt kennst du mich, ich bin die ...
(Schnecke)

Es schwebt ganz leicht, ist kugelrund.
Du bläst es sacht mit deinem Mund.
Es ist durchscheinend und bunt manchmal auch,
doch hält es nicht lang, schnell platzt sein Bauch.
(Seifenblase)

Mäuse und Würmer fresse ich,
wer mich berührt, den steche ich. *(Igel)*

Sag mir doch mal, wer das ist,
der immer mit zwei Löffeln frisst! *(Hase)*

Ganz leise und sacht fällt es vom Himmel,
ist weißer noch als ein Schimmel,
wie ein Federkissen so weich,
doch wenn es warm wird, dann schmilzt es
gleich. *(Schnee)*

An der Mauer
legt sie sich gern auf die Lauer.
Spinnt ein Netz kreuz und quer,
so bleibt ihr Tisch selten leer. *(Spinne)*

Sitzt rauchend auf dem Dach vom Hexenhaus,
doch kommt er dabei ohne Pfeife und Tabak aus.
(Schornstein)

Auf einem Pferd ist die Hexe nicht unterwegs
gewesen.
Sie reitet viel lieber auf einem ... *(Besen)*

In diesem weißen Häuschen hier,
wohnt ein kleines Federtier. *(Ei)*

Welche Mäuse können fliegen?
(Fledermäuse)

Ganz leise schleicht sie auf samtenen Sohlen,
ihre Augen glühen hell wie Kohlen.
Wir lieben ihr schönes, weiches Fell,
doch jede Maus flüchtet vor ihr auf der Stell.
(Katze)

Tief im finsteren Wald ein Knusperhäuschen
stand.
Zwei Kinder machten dort Rast, Hand in Hand.
Gerade hatten sie vom Backwerk geschleckt,
als eine Hexe sich aus dem Häuschen reckt.
(Märchen von Hänsel und Gretel)

Am Himmel steht sie rund und groß,
jedoch am hellen Tage bloß.
Sie strahlt und wärmt mit ihrem Schein,
Sage mir, wer mag das sein? *(Sonne)*

Heimlich zaubere ich einen Schleier
über Felder, Wiesen, Weiher.
Ich leg mich nieder auf Wald und Flur,
rate mal, wer bin ich nur! *(Nebel)*

Ich geh' am Tag und in der Nacht,
geh' ohne Eile mit Bedacht.
Ich gehe, pünktlich, wie ich bin,
zwar immerzu, doch nirgends hin. *(Uhr)*

Am klaren Himmel in der Nacht
strahlen sie mit aller Macht.
An seinem Hut zur Zierde
sind sie oft des Zauberers Begierde. *(Sterne)*

Hexlein, Hexlein, sag mir an,
den Vogel, der seinen
Namen rufen kann. *(Kuckuck)*

Am Baum ein runder Ball mit Stacheln überall.
Doch fällt er herab, springt heraus ein brauner
Kern, glänzend und glatt. *(Kastanie)*

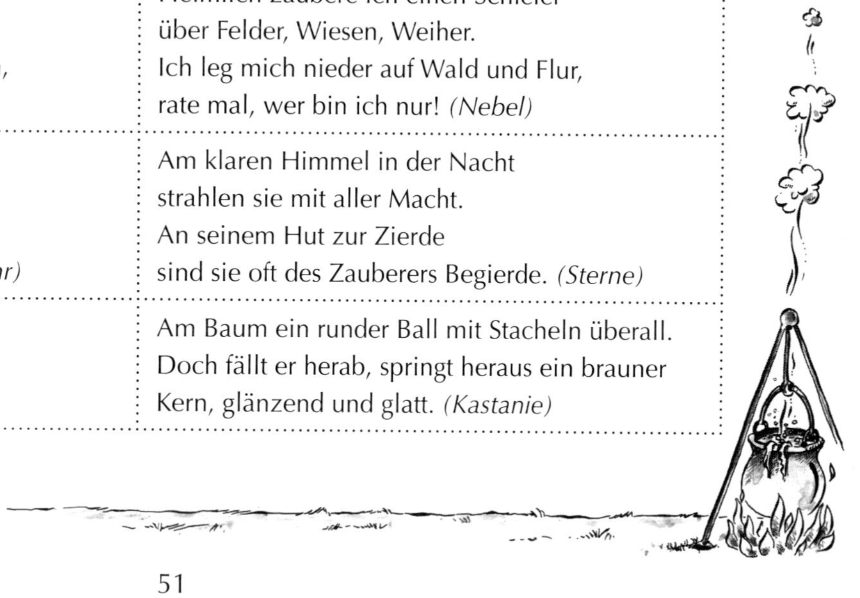

Heia, Walpurgisnacht! (5) **(eine Rallye für Kinder ab 5 Jahren)**

Aufgaben des Vorläufers der Rallye

Während die Kinder mit ihren Erzieherinnen die Aufgaben der Fledermaus (s. S. 53) erfüllen, hat ein weiterer Erwachsener – der Vorläufer (als Hexe verkleidet) – einen ausreichenden Vorsprung, um die Rallyeaufgaben in einem Waldgelände zu verteilen. Er packt sich am besten einen Rucksack bzw. Bollerwagen mit folgenden Materialien:
4–6 Luftballons pro Gruppe (auf denen mit einem wasserfesten Stift schon Gesichter aufgemalt sind), pro Gruppe ein Wollknäuel, Wolle zum Aufhängen verschiedener Aufgaben, 2 Rollen Krepppapier (1,5 cm breit) in jeder Gruppenfarbe, 1 Flasche Klebstoff, 1 Schere, pro Gruppe ein Päckchen Karnevalsschminkstifte (3–4 Farben sind ausreichend), 1 kg Reis, je Gruppe eine Packung Backpulver und 1 Packung Lebensmittelfarbpulver, pro Gruppe 1 kleinen Eimer (gut mit einem Deckel verschlossen), in dem sich jeweils ein Fläschchen mit 250 ml Essig befindet, 1 Reisigbesen, alle Rallyeaufgaben, 1 Eule aus Pappe (s. S. 50), an der ein Briefumschlag mit der Aufgabe Nr. 11 klebt, für jedes Kind ein kleines Tütchen mit Süßigkeiten, 1 geschlossenen Behälter (z. B. einen schön gestalteten Schuhkarton, einen kleinen Kinderkoffer oder eine Blechdose) mit Einwegspritzen (ohne Nadeln!) für jedes Kind, evtl. 1 Feuerkorb, Holz und 1 Feuerzeug

Zu Aufgabe 2:
Pro Gruppe ein Wollknäuel an umliegende Büsche hängen oder gut sichtbar darunterlegen.

Zu Aufgabe 3:
Einen Reisigbesen an einen Baum lehnen.

Zu Aufgabe 5:
Je Gruppe 4–6 Luftballons mit vorgezeichneten Hexengesichtern aufpusten, verknoten, mit einem Wollfaden versehen, aus Krepppapierbändern in der jeweiligen Gruppenfarbe „Haare" aufkleben und in den umliegenden Bäumen aufhängen. In einen der Luftballons pro Gruppe ein Tütchen mit Lebensmittelfarbpulver stecken.

Zu Aufgabe 6:
Die in Geschenkfolie verpackten Kieselsteine (Energiekristalle, s. S. 50) in den verschiedenen Gruppenfarben, je nach örtlichen Möglichkeiten, am seichten Ufer eines Baches oder unter einem großen, alten Baum verstecken.

Zu Aufgabe 7:
3–4 Schminkstifte unterschiedlicher Farbe in einem Kunststoff-Frühstücksbeutel an die Aufgabenkarte hängen.

Zu Aufgabe 9:
Ab hier müssen mit Reis Spuren gelegt werden, die erst zu der Stelle führen, an der für jede Gruppe ein Päckchen Backpulver (dieses evtl. in einen kleinen Plastikbeutel umfüllen) versteckt ist, und dann weiter zu Aufgabe 10 führen.

Zu Aufgabe 10:
Für jede Gruppe den vorbereiteten Eimer (Hexenkessel, s. S. 50) verstecken. Falls keine Stöcke herumliegen, verteilen Sie 2–3 Stöcke am Wegesrand.

Zu Aufgabe 11:
Die Eule in einem Baum befestigen. An der Eule ist ein roter Briefumschlag mit der Aufgabe 11 befestigt. Unter den Baum wird der Behälter mit den Einwegspritzen gestellt.

Heia, Walpurgisnacht! (6) **(eine Rallye für Kinder ab 5 Jahren)**

Einstieg in die Rallye mit den Kindern

Die Fledermaus kann von dem Erwachsenen, der auch die Rallyeaufgaben verteilt, heimlich durch ein geöffnetes Fenster in den Raum, in dem die Kinder versammelt sind, geworfen werden oder sie hängt bereits sichtbar dort, wo sich alle Kinder versammeln. Die Hexenbesen (ggf. mit den Rätseln von S. 51) liegen ebenfalls dort in einer Dose oder in einem Beutel bereit.

Nachricht der Fledermaus (kopieren und ausschneiden)

Hallo liebe Hexen und Zauberer!

Ich bin Flux, die schwarze Fledermaus, und muss euch dringend um Hilfe bitten.
Die Schlecht-Wetter-Hexe hat heute heimlich den Kaffee eurer guten Oberhexe verhext. Ahnungslos hat sie davon getrunken und sich ganz allmählich in eine böse Hexe verwandelt, die nun ihr Unwesen in unserem Wald treibt. Sie verhext das Futter der Tiere, verhext die Vögel, sodass sie nicht mehr singen können, oder sie hext Sturm und Regen herbei, sodass die Tiere ihren Unterschlupf verlieren.
Wir brauchen dringend eure Hilfe, denn nur ihr könnt eure Oberhexe durch besondere Hexen- und Zauberkraft wieder in eine gute Hexe verwandeln. Wollt ihr das machen und uns Tieren hier im Wald helfen?
(Die Kinder werden laut „Ja!" rufen.)
Prima! Dann hört gut zu! Bevor ihr euch auf den Weg macht, eure Oberhexe zu suchen, müsst ihr euch gut vorbereiten und diese Aufgaben erfüllen:

1. Näht euch einen Beutel, in dem ihr unterwegs Hexenkräfte sammelt. Eure alten Hexen helfen euch dabei!
2. Malt euch ein Hexenzeichen ins Gesicht. Dieses wird euch auf dem Weg durch den Wald gut beschützen.
3. Sucht eine Schachtel mit kleinen Hexenbesen. Daran sind Rätsel befestigt. Nehmt euch jeder einen Hexenbesen *(erst weiterlesen, wenn jedes Kind einen Hexenbesen hat)*. Die Kinder mit einem roten Besen beginnen, der Reihe nach ihr Rätsel zu lösen. Sind alle „roten" Rätsel gelöst, habt ihr genügend Hexenkraft gesammelt und könnt euch schon mal auf den beschwerlichen Weg machen. Dann werden alle „gelben" Rätsel gelöst, danach alle „blauen" und zum Schluss alle „grünen" Rätsel. So könnt ihr nacheinander mit großer Hexenkraft gestärkt in den Wald ziehen, um eure Oberhexe zu erlösen.

Hexenkraft-Beutel

Material:
Filzstücke (je ca. 30 cm x 30 cm), große Teller, Dessertteller, Scheren, Wolle, Nadeln mit großen Öhren und Spitzen, schwarze Filzstifte

Arbeitsanleitung:

1. Als Erstes wird der große Teller auf das Filzstück gelegt und mit dem schwarzen Filzstift umkreist.
2. Dann den Dessertteller mittig auf den entstandenen Kreis legen und ebenfalls mit dem Filzstift umfahren. So erhält man einen Außen- und einen Innenkreis.

Heia, Walpurgisnacht! (7) (eine Rallye für Kinder ab 5 Jahren)

3. Der Außenkreis wird mit der Schere ausgeschnitten.
4. Im Anschluss werden auf dem Innenkreis in regelmäßigen Abständen (ca. alle 2–3 cm) mit dem Filzstift deutliche Punkte aufgezeichnet.
5. Nun wird die Wolle in die Nadel gefädelt und von Punkt zu Punkt genäht.
6. Zum Schluss werden die beiden Schnurenden verknotet und der Beutel an der so entstandenen Schlaufe zugeknotet.

Tipp:
Bereiten Sie die Filzkreise (Schritte 1–4) bereits vor, sodass die Kinder nur noch ihre Beutel nähen müssen.

Ende der Rallye

Nach der Aufgabe 11 finden die Kinder den Vorläufer (= ihre Oberhexe) an einem Platz, wo sie (verkleidet als Hexe) auf ihrem Besen singend im Kreis herumtanzt. Nach anfänglichem Zögern werden die ersten Kinder ihren in Aufgabe 10 „gebrauten" Hexensud auf die Füße der Hexe spritzen und sofort muss deutlich werden, dass die Hexe froh ist, befreit zu werden (sie bedankt sich bei den einzelnen Kindern, gibt sich zu erkennen und verteilt ihre Belohnung).

Wichtige Tipps und Hinweise zum Abschluss:
Ganz wichtig ist, dass die Kinder ihren Hexensud nur auf die Füße spritzen, da die Flüssigkeit Essig enthält. Wenn Ihnen das zu gefährlich erscheint, ersetzen Sie den Essig durch Wasser. Dadurch verzichten Sie allerdings auf das geheimnisvolle Brodeln und Schäumen, das durch die Verbindung von Essig und Backpulver entsteht.
Besonders eindrucksvoll ist es für die Kinder, wenn die Oberhexe um ein Lagerfeuer herumtanzt. Ist dies nicht möglich, können Sie den Lagerplatz auch an einem Grillplatz einrichten oder ein Feuer in einem Feuerkorb entzünden. Ein schöner gemeinsamer Abschluss dieser Rallye gelingt Ihnen dann, wenn am Ende gemeinsam am Feuer Stockbrot gebacken wird. Das notwendige Material dafür (Teig – Rezepte unter *www.chefkoch.de* –, Holz bzw. Grillkohle, Stöcke, Zeitungspapier, Feuerkorb oder Grill) sollte vor Beginn der Rallye schon dort bereitgestellt werden.

Rallyeaufgaben

Aufgabe 1
Sammelt vier verschiedene Kräuter oder Gräser vom Wegesrand für einen Hexensud, den wir später dringend brauchen. Bewahrt die Kräuter gut in eurem Beutel auf.

Aufgabe 2
Spannt zwischen zwei Bäumen ein Spinnennetz, damit sich die schlechte Hexenzauberkraft darin verfängt.

Aufgabe 3
Die böse Wetterhexe haltet ihr fern, indem ihr mit dem Besen einen Platz freifegt und aus Steinen, Stöckchen und Blättern, die ihr sicher hier im Wald findet, dieses Hexensymbol legt:

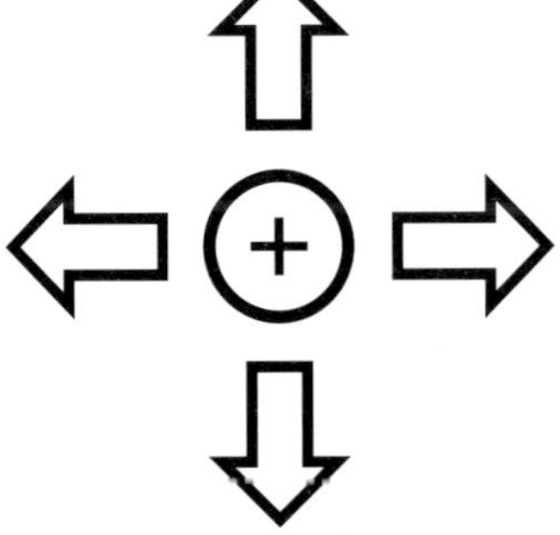

Aufgabe 4
Kennt ihr ein Hexenfest und den Ort, an dem es gefeiert wird? Ruft es gemeinsam im Chor ganz laut in den Wald hinein!
(Walpurgisnacht, Brocken, Blocksberg)

BVK KI08 • Birgitt Lokan/Helga Niggemann: Kita aktiv „Projektmappe Hexen und Zauberer"

Heia, Walpurgisnacht! (8) (eine Rallye für Kinder ab 5 Jahren)

Aufgabe 6

Ihr benötigt Energiekristalle, um eure Hexen- und Zauberkraft zu stärken. Besonders reine Kristalle ruhen im Wasser (alternativ: unter einem alten, knorrigen Baum). Sucht jeder ein Kristall in eurer Gruppenfarbe. Steckt es in euren Beutel. So erhaltet ihr die nötige Kraft für den weiteren Weg.

Aufgabe 8

Eure Lieblingstiere sind sicher süß, kuschelig und lieb. Hexentiere sind ganz anders! Nennt fünf Hexen-Lieblingstiere. (z. B. Kröte, Maus, Rabe, Spinne, Uhu, Eule, Frosch)

Aufgabe 10

Nun seid ihr schon durch eure Energiekristalle gut gestärkt, aber ihr müsst noch den Hexensud brauen. Sucht einen Hexenkessel mit dem magischen Zeichen in eurer Gruppenfarbe. Darin findet ihr eine flüssige Zaubertinktur. *(Nachdem der Kessel gefunden wurde, wird die Aufgabe weiter vorgelesen.)*

Welche Zutaten habt ihr bereits für den Hexensud gesammelt? *(Antwort: Kräuter, Gräser, Zauberfarbe, magisches Pulver)*

Nehmt die Zaubertinktur vorsichtig aus dem Kessel und rupft die Kräuter gut zerkleinert hinein. Gebt dann noch etwas Hexenzauberfarbe hinein. Öffnet jetzt sehr vorsichtig das Tütchen mit dem magischen Pulver und lasst es behutsam in den Kessel rieseln. Sucht euch einen Stock und rührt alle Zutaten gut um! Zum Schluss öffnet ihr die Flasche mit der Zaubertinktur und tröpfelt sie über eure Mischung. Murmelt dazu folgenden Hexenspruch:

Kräuterklein und Hexengift,
schäume über fix, fix, fix!
Spinnenbein und Krötenblut,
fertig ist der Hexensud!

(Nachdem der Hexensud fertig ist, wird die Aufgabe weiter vorgelesen.)

Verschließt nun euren Hexenkessel, nehmt ihn mit auf euren Weg und sucht die weiße Eule! Sie ist eine weise Freundin aller Feen, Elfen, guten Hexen und Zauberer und sitzt irgendwo hier in der Nähe im Baum. Versammelt euch alle dort, wartet auch auf die letzte Gruppe! Wenn alle Hexen und Zauberer bei der weißen Eule eingetroffen sind, öffnet die Nachricht, die sie für euch bereithält.

Aufgabe 5

Die Wetterhexe lauert überall! Schaut euch um, denn sie beobachtet euch. Findet alle Hexen, deren Farbe mit der Farbe eurer Gruppe übereinstimmt und vernichtet sie! So verliert sie ihre Hexenkraft und ihr erhaltet aus einer Hexe ein Tütchen mit Hexenzauberfarbe, das einer von euch in seinem Beutel gut aufbewahren muss. Auch dies werdet ihr später noch brauchen.

Aufgabe 7

Die böse (verzauberte) Hexe hat besonders große Angst vor Erwachsenen. Ihr kleinen Hexen und Zauberer müsst nun die Erwachsenen unsichtbar machen. Malt ihnen bunte Zauberzeichen ins Gesicht. So werden sie für die böse Hexe unsichtbar und sind euch eine große Hilfe auf eurem weiteren Weg.

Aufgabe 9

Die Waldfeen sind eure guten Helfer. Sie hinterlassen helle Spuren. Folgt diesen und ihr werdet das magische Pulver finden, das ihr für den Hexensud benötigt. Einer von euch soll es gut in seinem Beutel aufbewahren! Wenn ihr dann weiter den Feenspuren folgt, werdet ihr erfahren, was damit passiert!

Aufgabe 11

Guten Abend, ihr mutigen Hexen und Zauberer! Seid ihr nun alle vollzählig versammelt? Dann dürft ihr den Kasten öffnen, der unter meinem Baum steht. Darin findet ihr ein Gerät, das euren Hexensud aufsaugt. Eure verzauberte Oberhexe hat es sich an ihrem Lagerplatz gemütlich gemacht. Sie tanzt gerade auf ihrem Hexenbesen immer im Kreis umher und singt dabei ihre Hexenlieder. Sicher findet ihr schon bald diesen Platz. Er ist nicht weit von hier entfernt. Füllt ein wenig von dem Hexensud in euer Gerät und schleicht leise an den Lagerplatz heran. Spritzt eurer Oberhexe den Hexensud auf die tanzenden Füße – und nur auf die Füße! Und sofort wird sie sich wieder in eure gute Oberhexe verwandeln. Ihre Verwandlung werdet ihr daran erkennen, dass sie euch süß belohnen wird!

BVK KI08 • Birgitt Lokan/Helga Niggemann: Kita aktiv „Projektmappe Hexen und Zauberer“

Zauberhüte (ab 4 Jahren)

Welche Zauberhüte sind gleich?

Verbinde sie und male sie in den gleichen Farben bunt.

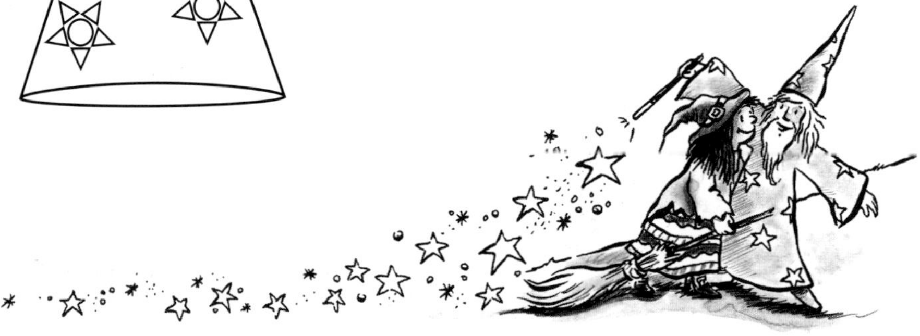

BVK KI08 • Birgitt Lokan/Helga Niggemann: Kita aktiv „Projektmappe Hexen und Zauberer"

Zwillingshexen **(ab 5 Jahren)**

Alle Hexen treffen sich auf dem Blocksberg. Immer zwei von ihnen sind Zwillingshexen und sehen genau gleich aus.

→ Male die Zwillingshexen in den gleichen Farben bunt.

BVK KI08 • Birgitt Lokan/Helga Niggemann: Kita aktiv „Projektmappe Hexen und Zauberer"

Hexenkordeln (ab 5 Jahren)

Material:
Arbeitskarten (siehe unten), Kordeln/Wolle, Teppichfliesen

Arbeitsanleitung:
Mit Kordeln oder Wolle werden die Figuren nachgelegt:
1. entweder direkt auf der Arbeitskarte,
2. oder frei auf einer Teppichfliese.

Zudem können sich die Kinder eigene Figuren ausdenken, sie auf die Teppichfliese legen und die anderen Kinder raten lassen, was mit der Kordel „gehext“ worden ist.

Variante:
„Hexenkordeln“ können die Kinder auch in der Turnhalle mit Seilchen spielen. Dabei können sie sich entweder eigene Figuren oder Formen ausdenken bzw. den Umriss eines auf dem Boden liegenden Kindes mit Seilchen nachlegen.

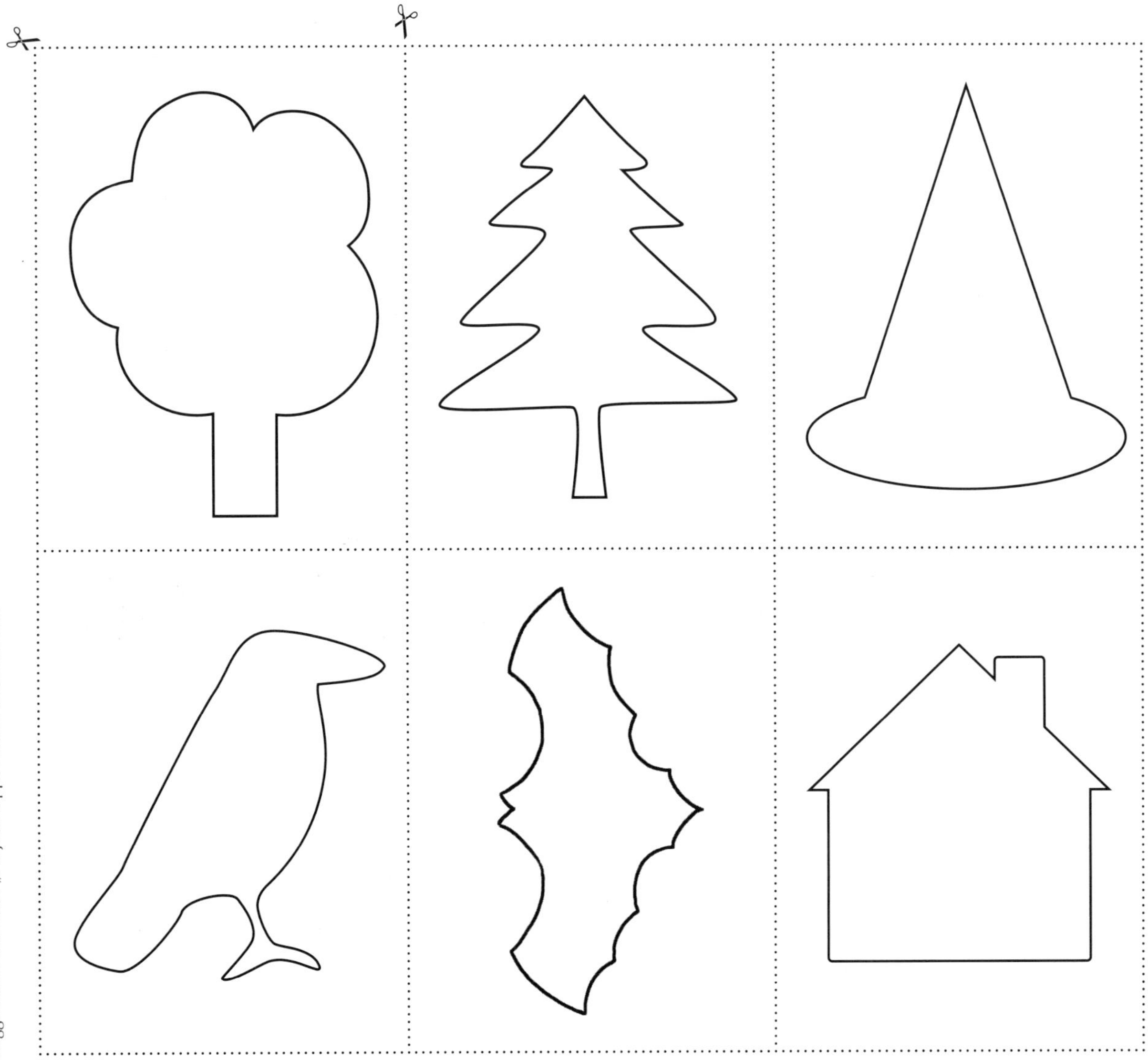

(bitte bei Bedarf hochkopieren)

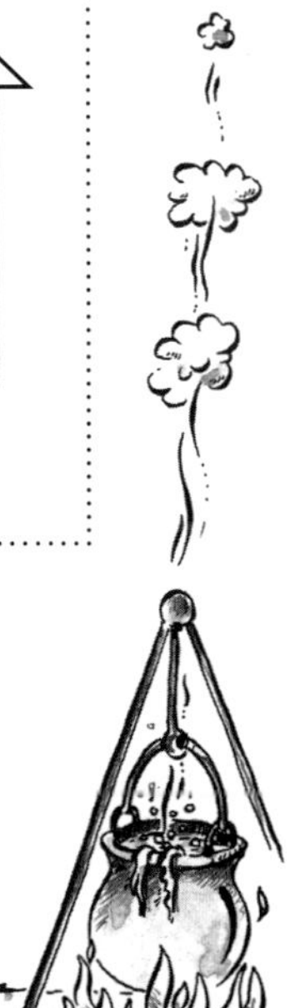

BVK KI08 • Birgitt Lokan/Helga Niggemann: Kita aktiv „Projektmappe Hexen und Zauberer“

Was passt nicht in die Reihe? (ab 4 Jahren)

Streiche das Bild, das nicht in die Reihe passt, durch.

1 

2 

3 

4 

5 

Hexenquattro (ab 3 Jahren, für 2–4 Spieler)

Material:
Sterne und Spielkarten (s. S. 60–62), ggf. Laminierfolie und -gerät, evtl. Buchfolie, Stifte, Schere

Vorbereitungen:
Kopieren Sie die Spielkarten (evtl. vergrößert) und malen Sie die Bilder farbig aus. Achten Sie darauf, dass die Ausschnitte mit den gleichen Farben ausgemalt werden wie im dazugehörigen Gesamtbild. Die Karten anschließend ggf. auf festen Karton kleben, laminieren und entlang der Linie ausschneiden. Sie können die Karten auch erst auseinanderschneiden, dann auf Blanko-Memory- oder -Lottokarten kleben, ausmalen und danach mit Folie einschlagen. Die Sterne benötigen Sie 32-mal. Malen Sie diese gelb an oder kopieren Sie sie auf gelbes Papier. Anschließend ebenfalls auf festen Karton kleben, laminieren und ausschneiden.

Spielanleitung:
Jede Reihe besteht aus vier Karten. Das Gesamtbild ist immer die erste Karte, das geschriebene Wort immer die letzte Karte einer Reihe. Dazwischen werden die Karten mit den Bildausschnitten angelegt. Alle Karten werden verdeckt auf dem Tisch verteilt. Die Sternkarten liegen auf einem Stapel. Der jüngste Spieler beginnt und deckt eine Spielkarte auf. Wenn er die erste Karte einer Reihe aufgedeckt hat, legt er sie vor sich hin und nimmt sich eine Sternkarte. Ansonsten wird die Spielkarte wieder umgedreht. Dann ist der nächste Spieler an der Reihe. Deckt er eine Karte mit einem Bildausschnitt oder eine erste Karte auf, so legt er sie entsprechend an bzw. beginnt eine neue Reihe. Jedesmal, wenn ein Spieler eine Karte irgendwo passend anlegen kann oder eine neue Reihe beginnen kann, darf er sich eine Sternkarte nehmen. Ziel des Spiels ist es, die Karten geschickt aufzudecken, in der richtigen Reihenfolge anzulegen und so viele Sternkarten wie möglich zu sammeln.

Varianten:
- Für jüngere Kinder oder solche, die sich noch nicht für Buchstaben interessieren, lassen Sie die Wortkarten weg.
- Verteilen Sie die Karten offen auf dem Tisch (mit oder ohne Wortkarten), lassen Sie die Kinder zugehörige Quattros suchen und in eine Reihe legen.
- Das Spiel ist auch für die Einzelbeschäftigung (z. B. in der Lernwerkstatt) geeignet. Dann werden die Sternkarten nicht benötigt. Es geht darum, die Quattros in eine Reihe zu legen.

BVK KI08 • Birgitt Lokan/Helga Niggemann: Kita aktiv „Projektmappe Hexen und Zauberer“

Kopiervorlage zu „Hexenquattro“ (1)

HEXE

RABE

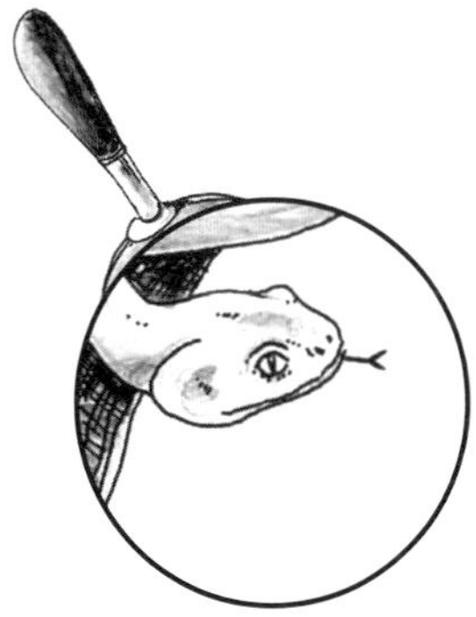
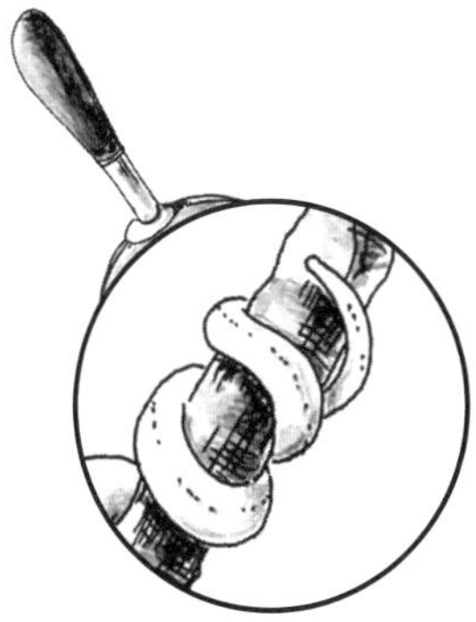

SCHLANGE

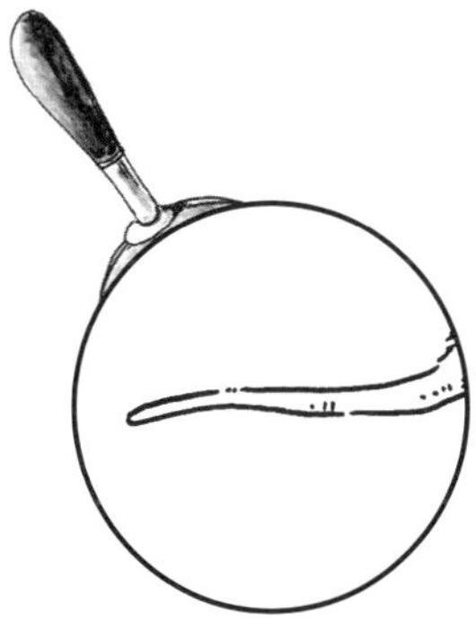

MAUS

ZAUBERER

BVK KI08 • Birgitt Lokan/Helga Niggemann: Kita aktiv „Projektmappe Hexen und Zauberer“

Kopiervorlage zu „Hexenquattro" (2)

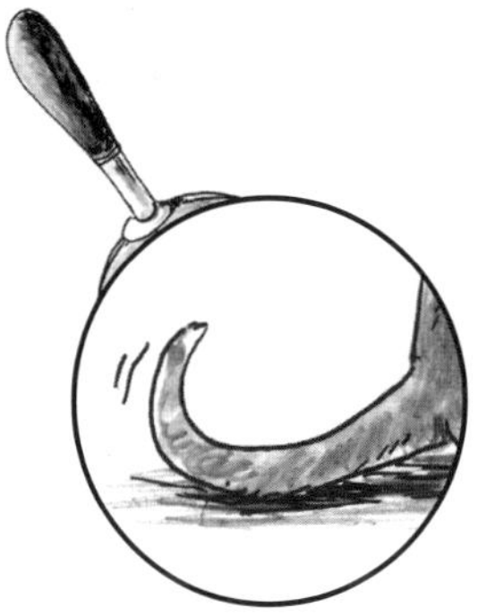

KATZE

HEXENHAUS

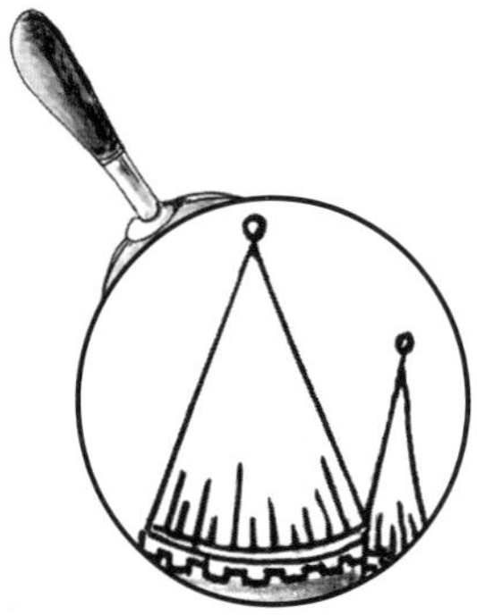

SCHLOSS

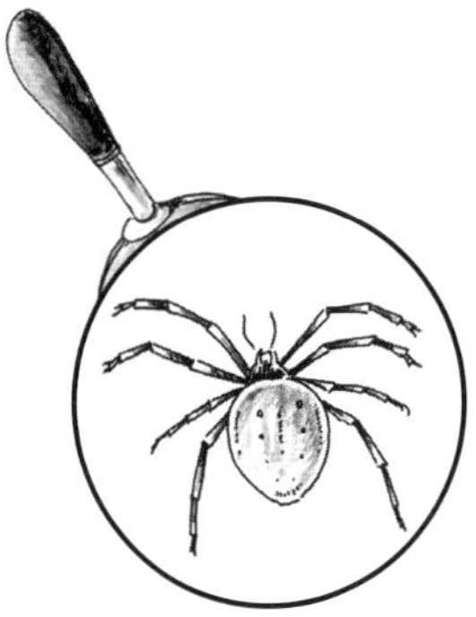

SPINNE

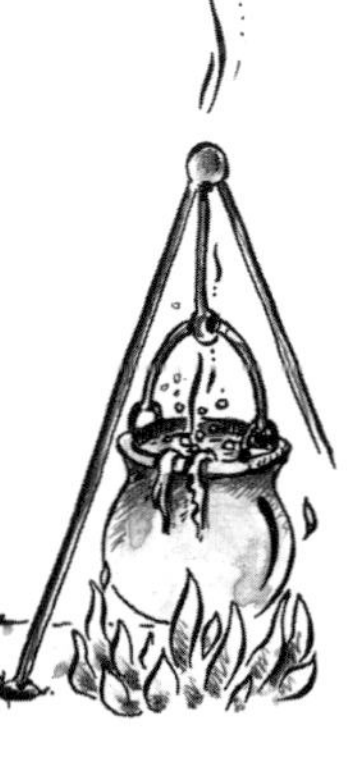

BVK KI08 • Birgit Lokan/Helga Niggemann: Kita aktiv „Projektmappe Hexen und Zauberer"

Der Weg über die Kräuterwiese (ab 5 Jahren)

Zeichne den Weg der Hexe über die Kräuterwiese nach. Decke dann die linke Hälfte des Blattes ab und versuche, in die rechte Kräuterwiese den Weg der Hexe auswendig zu malen.

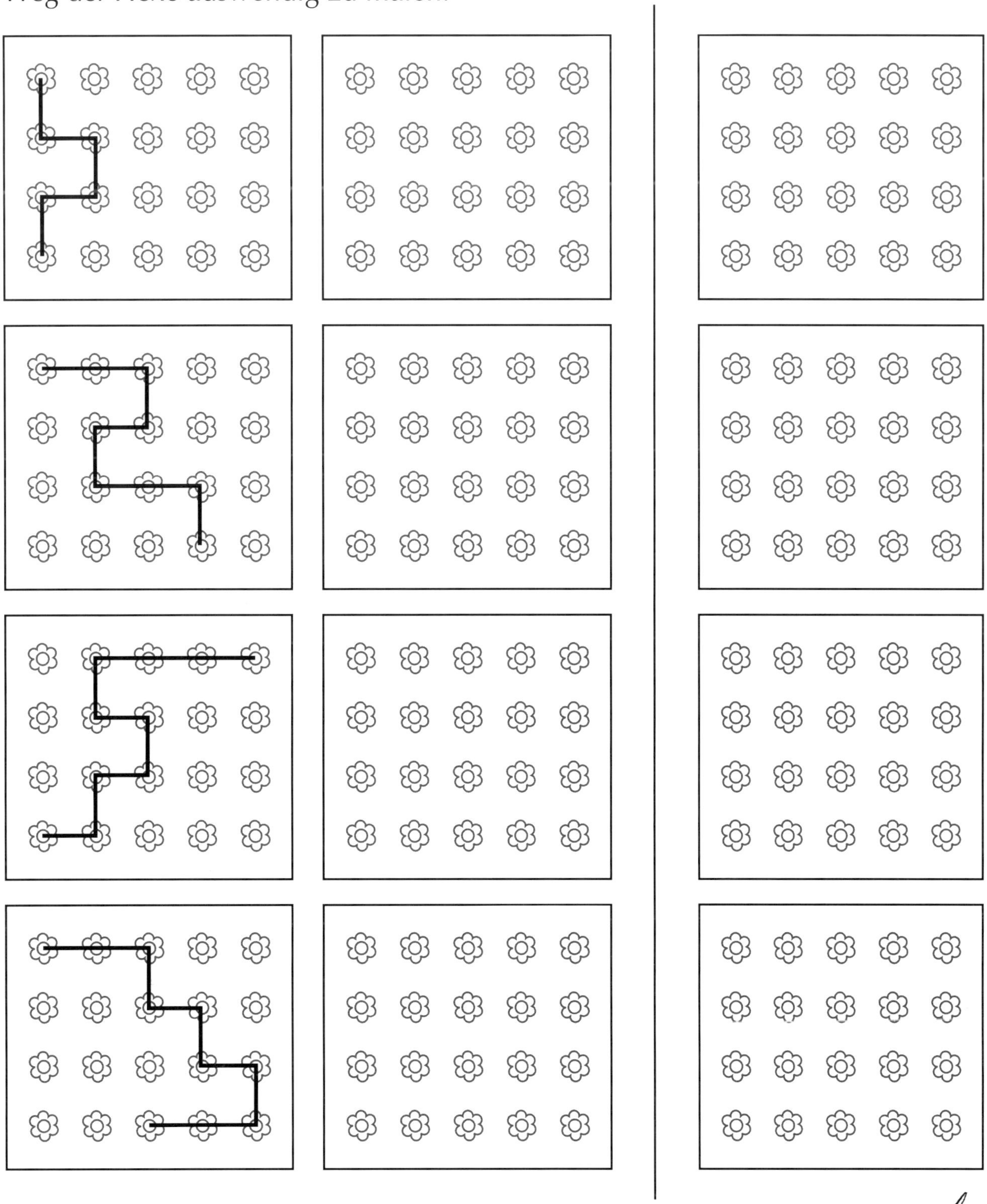

BVK KI08 • Birgitt Lokan/Helga Niggemann: Kita aktiv „Projektmappe Hexen und Zauberer"

Hexe und Zauberer (ab 4 Jahren, für mindestens 12 Kinder)

Material:
für das Basisspiel kein Material, für die Variante ein Schwungtuch

Arbeitsanleitung:
Aus der Gesamtgruppe werden eine Hexe und ein Zauberer ausgewählt. Alle übrigen Kinder bilden einen Kreis und schließen ihn, indem sie sich an den Händen fassen. Die Hexe geht in dem Kreis herum, der Zauberer steht außerhalb des Kreises und ruft: „Hex, Hex, komm heraus aus deinem alten Hexenhaus." Die Hexe antwortet: „Jetzt habe ich keine Zeit, aber um ... *(Zahl einfügen)* Uhr, da ist es soweit!"
Nun zählen die Kinder im Kreis die angesagte Uhrzeit: „Ein Uhr, zwei Uhr, drei Uhr ...!"
Zur angesagten Zeit verlässt die Hexe den Kreis und der Zauberer versucht, sie zu fangen. Die Hexe darf von den Kindern jederzeit wieder in den Kreis gelassen werden, wo sie vor dem Zauberer scheinbar sicher ist. Doch auch der Zauberer versucht, in den Kreis zu gelangen, was die Kreiskinder verhindern sollen, indem sie sich gut festhalten und den Zauberer so abwehren. Aber der Zauberer findet vielleicht eine Lücke, durch die er hindurchschlüpfen kann.
Hat der Zauberer die Hexe gefangen, dürfen beide ein neues Spielerpaar aussuchen.

Variante:
Setzen Sie für dieses Spiel ein Schwungtuch ein. Alle Kinder stehen gleichmäßig verteilt um das Schwungtuch herum und fassen es mit beiden Händen an. Dann gehen sie mit dem Tuch in die Hocke, anschließend knien sie sich hin. Ein Kind wird als Hexe ausgewählt und krabbelt unter das Schwungtuch. Ein anderes Kind ist der Zauberer, der außerhalb des Schwungtuches kniet. Die Kreiskinder bewegen nun das Schwungtuch auf und ab. Dadurch sind die Konturen der Hexe unter dem Tuch nicht mehr so deutlich erkennbar. Nun beginnt der Dialog zwischen Hexe und Zauberer wie oben beschrieben. Zur angesagten Zeit krabbelt der Zauberer über das Tuch und probiert, die Hexe zu fangen, während die Hexe unter dem Tuch versucht, ihm zu entwischen. Je stärker die Kreiskinder das Schwungtuch auf und ab bewegen, umso schwieriger ist es für den Zauberer, die Hexe zu erkennen und zu fangen.

Wichtig:
Hexe und Zauberer sollten keine Schuhe tragen, denn damit könnten sie sich gegenseitig wehtun.

Turnstunde mit Hexentüchern und Zauberstäben (1) (ab 3 Jahren)

Material:
für jedes Kind ein farbiges Chiffontuch und einen Rhythmikstab / ein Rundholz (ca. 20–30 cm lang), 1 schwarze, mit gelben Sternen verzierte Kiste (z. B. 1 Schuhkarton mit Deckel, in dem ein Loch zum Hineingreifen ist), 6–8 blaue Teppichfliesen, CD-Player, CD mit ruhiger, meditativer Musik, CD mit fröhlicher, flotter Musik

Einführung:
Zur Einstimmung in die Bewegungseinheit sammeln sich alle kleinen Hexen und Zauberer mit ihrer Oberhexe (= der Erzieherin) in einem Sitzkreis. Vor der Oberhexe steht die Kiste. Darin liegen alle bunten Chiffontücher, ohne dass die Kinder diese sehen können. Im Hintergrund läuft ruhige, meditative Musik. Nacheinander dürfen die Kinder in die Zauberkiste greifen und ein buntes Tuch herausziehen.

Bunter Zaubertanz:
Zum Aufwärmen tanzen und bewegen sich die Kinder mit ihren Tüchern im Rhythmus der Musik durch den Raum. Sie experimentieren wie folgt mit den Tüchern:
- Lassen sie beim Laufen / Gehen flattern.
- Laufen vorwärts / rückwärts / seitwärts etc.
- Winken sich mit den Tüchern zu.
- Legen sich das Tuch auf den Kopf und gehen mit ausgestreckten Armen behutsam weiter, ohne das Tuch zu verlieren.
- Legen sich das Tuch auf den rechten nach oben gestreckten Zeigefinger und gehen nur so schnell, dass ihr Tuch nicht herunterfällt (später Wechsel auf den linken Zeigefinger).
- Tauschen im Laufen mit den Kindern, die ihnen begegnen, die Tücher.

Die Kinder dürfen sich gegenseitig nicht behindern, nicht berühren oder anrempeln – jeder lässt dem anderen ausreichend Platz und weicht ggf. aus.

Hausputz:
Bevor Hexe und Zauberer heute aus dem Haus gehen, müssen sie erst einmal alles saubermachen. Da hilft ihnen ihr buntes Zaubertuch (= Chiffontuch).
- Zuerst werden die Fenster im Haus blitzblank gerieben. Wir recken uns und putzen mit unserem Zaubertuch pantomimisch die Fenster ganz oben in der Dachspitze.
- Dann ist die mittlere Etage an der Reihe, erst rechts, dann in der Mitte und zum Schluss das linke Fenster.
- Und nun müssen die Fenster im Erdgeschoss noch sauber werden. Dazu gehen wir in die Hocke und reiben wieder erst das rechte Fenster, dann das mittlere und zum Schluss das linke Fenster blank.
- Mit unserem Zaubertuch wedeln wir die Spinnweben von den Wänden. Dabei recken und strecken wir uns, damit wir auch die obersten erwischen.
- Nun knien wir uns auf den Boden und putzen ihn (pantomimisch) mit dem Zaubertuch. Dabei bewegen wir uns durch den ganzen Raum, denn jede Ecke muss sauber werden.

Tuchspaziergang:
Jetzt sind die Hexen und Zauberer ausgehfertig. Sie wollen sich mit ihren Freundinnen und Freunden zum Geschicklichkeitszaubern treffen. Dazu müssen sie erst einmal alle den Weg durch den Fluss laufen. Hierfür liegen 6–8 blaue Teppichfliesen hintereinander und symbolisieren den Fluss.
Die Kinder stellen sich in eine Reihe vor den „Fluss". Jedes Kind klemmt sich sein Chiffontuch zwischen die Knie und läuft nun durch den Fluss, ohne das Tuch mit den Händen festzuhalten und ohne es zu verlieren. Wer schafft den Weg durch den Fluss?

BVK KI08 • Birgitt Lokan/Helga Niggemann: Kita aktiv „Projektmappe Hexen und Zauberer"

Turnstunde mit Hexentüchern und Zauberstäben (2) (ab 3 Jahren)

Geschicklichkeit ist keine Hexerei:
Nun müssen Hexen und Zauberer ihre Geschicklichkeit mit dem Zauberstab üben. Jeder bekommt zu seinem Tuch einen Zauberstab (= Rhythmikstab oder Rundholz). Auf ein Zeichen der Oberhexe (= Erzieherin) hin werfen alle ihre Tücher hoch in die Luft und versuchen dann, ihr Tuch mit Hilfe des Zauberstabs wieder aufzufangen (wer es nicht schafft, probiert es noch einmal).

Varianten:
- Die Oberhexe gibt eine Farbe an, und nur Tücher in dieser Farbe dürfen aufgefangen werden – alle anderen Tücher landen auf dem Boden!
- Auf ein Zeichen der Oberhexe hin werden die Tücher hoch in die Luft geworfen. Jede Hexe/jeder Zauberer muss nun ein Tuch mit dem Zauberstab fangen, nur nicht das eigene. Aufgepasst, kein Tuch darf auf den Boden fallen!

Verhexte Tücher:
Die Oberhexe zaubert die Tücher in Hexen- und Zaubererstrümpfe (jedes Kind steckt sich sein Tuch in einen Strumpf, sodass nur noch ein Zipfel des Tuches herausschaut). Dann krabbeln alle Hexen und Zauberer auf dem Boden und sollen versuchen, den anderen Hexen ein Tuch aus der Socke zu zaubern, indem sie es herausziehen. Dabei dürfen sie aber ihr eigenes Tuch nicht verlieren! Wer sein Tuch verliert, muss versuchen, ein neues zu bekommen. Die Oberhexe beendet das Spiel.

Varianten:
- Die Tücher werden in die Turnhosen gezaubert und alle laufen, hüpfen, springen durch die Turnhalle und versuchen, den anderen ein Tuch wegzunehmen.
- Die Oberhexe bestimmt die Farbe, die entwendet werden soll.
- Die Hexen und Zauberer ohne Tuch scheiden aus.

Farbige Nester für den Raben:
Alle Hexen legen ihr Tuch irgendwo auf den Boden. Die Oberhexe achtet darauf, dass die Tücher gleichmäßig im Raum verteilt sind. Dann verhext sie alle Hexen und Zauberer in Raben und schaltet eine fröhlich-flotte Musik ein. Die Raben fliegen (oder hüpfen, laufen rückwärts …) durch die Turnhalle. Die Oberhexe ruft eine Farbe und stellt die Musik plötzlich ab. Die Raben müssen nun auf der aufgerufenen Farbe landen. Wer kein freies Nest mehr findet, wird sofort wieder in eine Hexe zurückverwandelt und darf sich bei der Oberhexe ausruhen. Nach jedem Durchgang werden einige Tücher weggenommen, bis beim letzten Durchgang nur noch zwei verschiedenfarbige Tücher im Raum liegen. Welcher Rabe erobert das letzte Nest?

Hexentoller Zaubertanz:
Zum Abschluss der Bewegungseinheit tanzen die kleinen Hexen und Zauberer ausgelassen mit den Tüchern zu der fröhlich-flotten Musik durch den Raum.

BVK KI08 • Birgitt Lokan/Helga Niggemann: Kita aktiv „Projektmappe Hexen und Zauberer"

Meditative Hexengeschichte mit dem Schwungtuch
(ab 3 Jahren, für 8–10 Kinder)

Material:
1 Schwungtuch (besonders schön wirkt ein blaues Schwungtuch mit Sternenmuster), 1 CD-Player, ruhige, meditative Musik (möglichst nur instrumental)

Diese meditative Geschichte sollte von mindestens drei bis vier Erwachsenen begleitet werden. Sie eignet sich also besonders für Aktivitäten mit Eltern. Auch SchülerInnen und PraktikantInnen können hier helfend und unterstützend tätig werden.

Arbeitsanleitung:
Das Schwungtuch liegt ausgebreitet und einladend in der Mitte eines großen freien Raumes. Alle Kinder und Erwachsenen verteilen sich gleichmäßig um das Schwungtuch, ergreifen es mit beiden Händen und bewegen es im Stand behutsam auf und ab. Im Hintergrund läuft leise die meditative Musik.
Nun gehen alle langsam in die Hocke und knien sich hin. Die Erwachsenen bleiben in dieser Stellung und bewegen das Schwungtuch weiter auf und ab. Die Kinder lassen das Tuch los, legen sich mit dem Rücken flach auf den Boden unter das Tuch, schließen die Augen und genießen den zarten Lufthauch des Tuches. Nun erzählt die Erzieherin eine kurze, meditative Geschichte, während die Erwachsenen das Schwungtuch weiter ganz behutsam auf und ab bewegen:

Früh am Morgen, gerade als die Sonne ihren ersten neugierigen Strahl hinter den hohen Bergen hervorschickt, wird die Hexe Petrolina wach und blinzelt verschlafen in das helle, warme Licht. Sie räkelt sich gemütlich und spürt erst einen warmen Sonnenstrahl auf ihrer Stirn, dann einen zweiten und einen dritten. Immer mehr Sonnenstrahlen fallen durch das kleine Fenster in ihr Zimmer, streicheln ihr Gesicht, kitzeln an ihrer Nase, wandern weiter ihren Hals entlang, wärmen ihre Brust und ihren Bauch. Petrolina genießt die warmen Sonnenstrahlen. Sie atmet tief ein … und wieder aus, ein … und aus, ein … und aus. Die warmen Sonnenstrahlen werden nun neugieriger und länger. Sie berühren sanft die Beine und senden ihre Wärme erst in das linke Bein, hinunter zum linken Fuß, der nun alle Zehen ins warme Licht streckt. Dann wandern die goldenen Strahlen hinüber zum rechten Fuß. Auch er wird ganz warm. Er streckt der Sonne alle fünf Zehen entgegen, damit auch sie gewärmt werden. Zufrieden und ganz locker fallen Petrolinas Füße zur Seite und die Sonnenstrahlen wandern ihren Körper wieder hinauf – zum Bauch und verweilen dort etwas, bis sich auch ihr Bauch ganz warm und locker anfühlt. Nun schickt die Sonne ihre Strahlen über die Brust. Petrolinas Haut, ihre Lungen und ihr Herz werden ganz warm. Sie freut sich über diesen schönen, sonnigen Tag.
Vom Herzen streichelt die Sonne nun über Petrolinas linken Arm, wärmt ihre linke Hand, den linken Daumen, den linken Zeigefinger, dann den linken Mittelfinger, den linken Ringfinger und den kleinen Finger bis in die Fingerspitzen hinein. „Danke, liebe Sonne", flüstern ihre linken Finger, als die Sonnenstrahlen wieder ihren linken Arm hinaufwandern, über die Brust zum rechten Arm. Die Sonnenstrahlen streicheln auch Petrolinas rechten Arm sanft und behutsam, wärmen die rechte Hand, den rechten Daumen, den rechten Zeigefinger, dann den rechten Mittelfinger, den rechten Ringfinger und den kleinen Finger, bis in die Fingerspitzen hinein. „Danke, liebe Sonne", flüstern ihre rechten Finger, als die Sonnenstrahlen nun wieder ihren rechten Arm hinaufwandern.
Auf Petrolinas Brust verweilen sie einen kleinen Augenblick und senden ihre Wärme tief in ihren Körper hinein, mit jedem Atemzug. Sie atmet tief ein … und wieder aus, ein … und aus, ein … und aus. Ihr ist ganz warm und wohlig zumute, sodass die Sonne ihre Strahlen weitersenden kann – über Petrolinas Hals, das Kinn, sanft streicheln sie ihren Mund, spielen um ihre Nase herum, kitzeln in der Nase – erst ein wenig, ganz zart, dann schon ein bisschen mehr und aufdringlicher. Petrolina! Willst du denn heute gar nicht aufwachen? Langsam schlägt Petrolina ihre Augen auf, freut sich über die helle, warme Sonne in ihrem Zimmer, in ihrem Bett, auf ihrem Körper und plötzlich muss sie niesen. HATSCHI!

Zauberschaum und Hexenschnee (ab 2 Jahren)

Kinder aller Altersgruppen, auch schon die Jüngeren, können bei Zauberschaum und Hexenschnee (= Rasierschaum) ihre Experimentierfreude, ihren Forscherdrang und ihr Körpergefühl auf sehr individuelle Weise ausleben.
Rasierschaum duftet gut, er fühlt sich wunderbar weich und cremig an und er schadet der Haut nicht. Am besten ziehen sich die Kinder bis auf die Unterhose oder die Windel aus, denn so können sie ganzheitliche Körpererfahrungen beim Spielen und Malen mit dem Schaum machen. Wenn es dafür nicht warm genug ist, können die Kinder ihre Kleidung aber ebenso anbehalten. Diese muss nicht zwingend mit Kitteln geschützt werden, da sich eventuelle Rückstände problemlos aus der Kleidung auswaschen lassen. Die Kinder sollten so wenig wie möglich eingeengt sein.

Material:
1 Flasche Rasierschaum sensitiv, 1 Tisch oder auch eine beschichtete Holzplatte (ca. 1,20 m x 0,80 m) mit glatter Oberfläche, evtl. 1 großer Spiegel, der auf dem Tisch liegt, Handtücher, 1 Eimer lauwarmes Wasser, 1 Schwammtuch

Arbeitsanleitung:
Die Kinder verteilen sich um den Tisch. Sprühen Sie vor jedes Kind ein Häufchen Rasierschaum und regen Sie die Kinder an, den Schaum mit den Händen weitflächig auf dem Tisch zu verteilen. Wenn sie mit der Platte auf dem Boden arbeiten, können die Kinder auch ihre Füße einsetzen. Sie können mit den Fingern oder Zehen malen, patschen, den eigenen Körper bestreichen oder andere Kinder einreiben. Besonders spannend ist es für die Kinder, wenn sie auf einem großen Spiegel mit Rasierschaum malen. Sie entdecken ihr Spiegelbild, lassen es verschwinden, wenn sie den Schaum verstreichen, und zaubern es wieder hervor, indem sie den Schaum mit den Fingern oder der Handkante wegstreichen.

Zum Schluss wischen die Kinder ihre Hände und ihren Körper mit einem Handtuch sauber. Die Hände werden mit lauwarmem Wasser gewaschen. Die Arbeitsfläche können Sie mit einem Schwammtuch und warmem Wasser abwischen.

Tipps:
- Klären Sie sicherheitshalber im Vorfeld mit den Eltern ab, dass keine Allergien bei den Kindern vorliegen.
- Achten Sie besonders bei den unter-3-jährigen Kindern darauf, dass sie den Rasierschaum nicht in den Mund nehmen oder schlucken.
- Falls es Kinder gibt, die den Rasierschaum nicht anfassen möchten, können Sie zunächst Hilfsmittel zur Verfügung stellen, z. B. Plastiklöffel, Holzspachtel, kleine Plastikschaufeln, Plastikringe, kleine Plastikschüsseln …
- Unter Anleitung und wenn Sie die Kinder an der Hand halten, können diese auch einmal versuchen, über das Schaumbett zu laufen. Sie werden sehr vorsichtig und bedächtig laufen müssen, denn der Schaum ist glitschig.
- Sie können dem Rasierschaum einige Spritzer Lebensmittelfarbe zugeben. Bei sehr gezieltem Farbeinsatz erfahren die Kinder so ganz nebenbei auch etwas über Farbmischungen.

BVK KI08 • Birgit Lokan/Helga Niggemann: Kita aktiv „Projektmappe Hexen und Zauberer"

Hexenmemory (ab 4 Jahren)

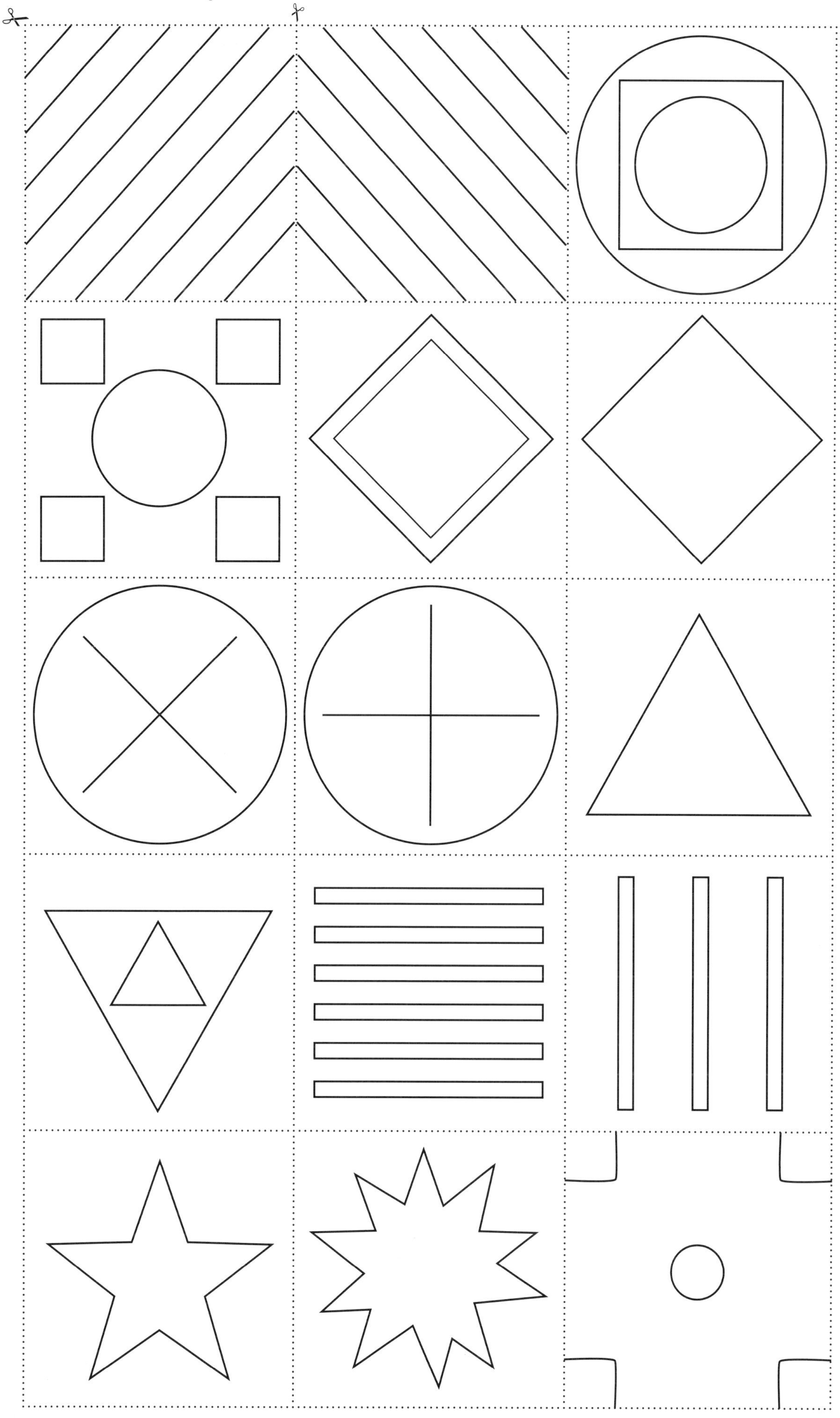

(doppelt kopieren, auf Pappe kleben und als Memory ausschneiden)

BVK KI08 • Birgitt Lokan/Helga Niggemann: Kita aktiv „Projektmappe Hexen und Zauberer"

Spielgeschichte „Der Tanz auf dem Blocksberg“ (1) (ab 3 Jahren)

Material:
weiße Theaterschminke, 1 Zauberstab (Rundholz, Klangholz), 1 Stein

Einführung:
Heute ist die Nacht der Hexen und Zauberer auf dem Blocksberg. Die Kinder werden von Ihnen in den Stuhlkreis eingeladen. Gemeinsam machen sie sich dann auf den Weg zum Blocksberg und erleben – eingebettet in eine Rahmenhandlung – verschiedene Kreisspiele. Dabei wechseln sich Spiele zum Kennenlernen, Bewegungsspiele, Singspiele, Spiele zur Wahrnehmungsförderung, pantomimische Spiele, Reaktionsspiele und Entspannungsspiele ab.

1. Einstimmung
Jedes Kind bekommt von der Erzieherin einen kleinen Punkt Theaterschminke auf die Nase. Das macht sie kräftig und stark! Dann beginnen Sie:

„Huch, jetzt ist es aber schon spät! *(erschrocken auf die Uhr sehen)* Damit wir es noch rechtzeitig zum Fest schaffen, müssen wir uns schnell fertigmachen. Zunächst ziehen wir unsere Hexenkleider und Zaubergewänder an *(pantomimisch überstreifen)*, putzen schnell noch die Zähne, kämmen unsere Haare *(ebenfalls alles pantomimisch)* – wir wollen heute besonders nett aussehen – und nun noch den Zauberstab aus der Schublade holen *(pantomimisch oder aus einer richtigen Schublade)*, ja, wo ist er denn? Ah, da ist er! Sooo, fertig ... dann kann es ja losgehen!“

2. Tuff, tuff, tuff, die Zauberbahn ...
„Wir müssen erst einmal mit der Zauberbahn zum Blocksberg fahren. Wer möchte denn der Schaffner sein?“

Ein Kind wird nun als Schaffner ausgewählt und geht im Kreis herum, während alle singen:

„Tuff, tuff, tuff, die Zauberbahn, wer will mit zum Blocksberg fahr'n? Alleine fahren mag ich nicht, nehmen wir die / den ... mit!“

Dann sucht sich der Schaffner ein Kind aus, das sich hinten anhängen darf. Dies geht so lange, bis alle Kinder mit im Kreis laufen.

3. Die Reise geht von Hopp, hopp, hopp ...
„Nun sind wir alle im Zug auf dem Weg zum Blocksberg. Doch plötzlich wird die Reise etwas holpriger. Der Weg führt über Geröll und viele Steine den Berg hinauf. Wir werden hoch und runter geschüttelt.“

Die Kinder lösen sich voneinander, bleiben jedoch in der Mitte des Kreises stehen und hüpfen auf der Stelle. Dazu wird gesungen:

„Die Reise geht von Hopp, hopp, hopp, von Hopp, hopp, hopp nach Billerbeck, die/der ... hext sich wieder weg (alternativ: die/der zaubert sich weg).

Der Schaffner oder die Erzieherin benennen das Kind, das sich wieder setzen darf. Dies geschieht so lange, bis alle Kinder wieder im Stuhlkreis sitzen.

4. Wo ist der Zauberstab?
„Puh, die Reise war aber sehr beschwerlich! *(pantomimisch den Schweiß von der Stirn wischen)* Gut, dass wir alle heil am Blocksberg angekommen sind.

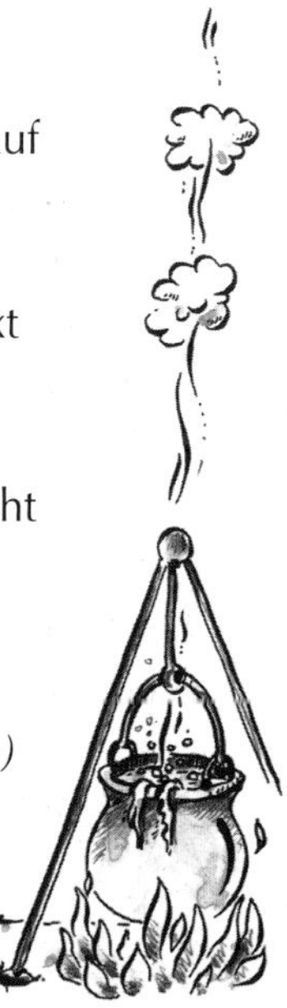

BVK KI08 • Birgit Lokan/Helga Niggemann: Kita aktiv „Projektmappe Hexen und Zauberer“

Spielgeschichte „Der Tanz auf dem Blocksberg“ (2) (ab 3 Jahren)

Doch was ist das!? Auf der holprigen Fahrt haben wir unseren Zauberstab verloren. Den müssen wir unbedingt suchen!“

Während ein Kind vor die Tür geht, versteckt ein anderes Kind den Zauberstab so an seinem Körper, dass nur ein kleiner Teil zu sehen ist. Zudem wird ein Stuhl entfernt. Das Kind kommt wieder herein und versucht, den Zauberstab durch gutes Hinsehen zu finden. Dieses Spiel wird einige Runden lang gespielt.

5. Hatschi-Patschi
„Zum Glück haben wir den Zauberstab wiedergefunden. Doch jetzt müssen sich die Hexen und Zauberer erst einmal richtig kennenlernen.“

Nachdem eine Hexe / ein Zauberer den Raum verlassen hat, bestimmt die Erzieherin ein Kind, das anstelle seines Namens „Hatschi-Patschi“ sagt. Das wieder hereingerufene Kind fragt nun reihum die Kinder nach ihren Namen, welche auch wahrheitsgemäß mitgeteilt werden.
Nur die / der zuvor bestimmte Hexe / Zauberer nennt nicht seinen richtigen Namen, sondern antwortet mit „Hatschi-Patschi“. Bei diesem Wort springen sofort alle Kinder auf und jeder versucht, einen neuen Platz zu finden. Das Kind, das nun übrigbleibt, darf vor die Tür gehen, und das Spiel beginnt von vorn.

6. Hilfe, hilfe, ich bin den Blocksberg hinuntergepurzelt!
„Alle Hexen und Zauberer sind nun auf dem Blocksberg versammelt und feiern die Walpurgisnacht. Fröhlich und ausgelassen tanzen sie um das große Feuer herum. Doch plötzlich rumpelt und pumpelt es im Inneren des Berges. Und schon rutscht die erste Hexe / der erste Zauberer den Berg hinunter.“

Ein Kind wird ausgewählt, setzt sich in die Kreismitte und ruft: „Hilfe, hilfe, ich bin den Blocksberg hinuntergepurzelt!“
Alle anderen wollen helfen und rufen: „Wie tief denn?“
„200 Meter tief!“, ruft die Hexe / der Zauberer.
„Wer soll dich denn wieder heraufziehen?“, fragen die anderen.
„Wer am besten auf einem Bein hüpfen kann!“, lautet die Antwort.
Alle Kinder zeigen nun, dass sie am besten auf einem Bein hüpfen können.
Die hinuntergestürzte Hexe / der Zauberer sucht ein Kind aus, das sie / ihn wieder hochziehen darf. Dabei stürzt das Kind auch den Berg hinunter und darf nun rufen. Das Spiel beginnt erneut.
(Weitere Beispiele für die pantomimische Darstellung: wer am besten singen kann, wer am besten tanzen kann, Zähne putzen, kochen, schlafen, schnarchen …)
Das Spiel wird siebenmal (magische Zahl) gespielt oder endet, indem die Erzieherin zum nächsten Spiel überleitet, z. B. „Auf dem Blocksberg liegen ja allerlei Steine herum, aber schaut einmal, hier habe ich einen ganz besonderen Stein gefunden. Es ist ein Zauberstein, der sich verwandeln kann.“

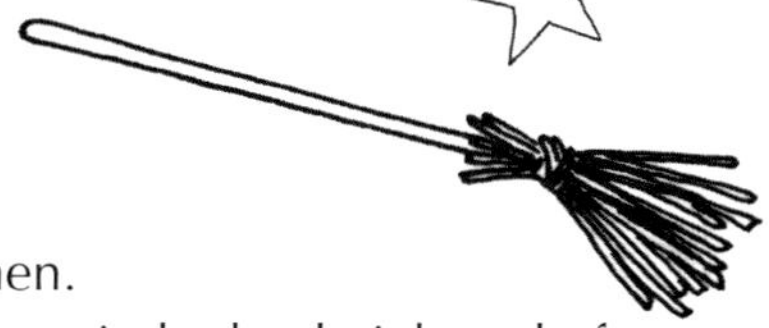

7. Der Stein
Die Erzieherin hält den Zauberstein in den Händen und schaut ihn interessiert an.
„Ich halte hier eine kleine, zarte Schnecke in meiner Hand. Ich streichle vorsichtig über ihr zerbrechliches Schneckenhaus. Ihr dürft die Schnecke nun auch einmal betrachten und ihr über das Schneckenhaus streichen.“

Sie begleitet ihre Worte pantomimisch und reicht den Stein vorsichtig an das nächste Kind weiter. Dieses gibt ihn an das neben ihm sitzende Kind weiter usw. Alle staunen und reichen den Stein weiter, bis er zur Erzieherin zurückkommt. In der zweiten Runde wird der Stein z. B. in eine klebrige Kröte verwandelt, in einen heißen Stein, in eine leichte Feder, in eine Spinne o. Ä. und immer mit der passenden Gestik und Mimik weitergereicht.

BVK KI08 • Birgitt Lokan / Helga Niggemann: Kita aktiv „Projektmappe Hexen und Zauberer“

Spielgeschichte „Der Tanz auf dem Blocksberg“ (3) (ab 3 Jahren)

8. Hurra, wir fahren nach Hause!

„Horcht! Im Tal schlägt die Uhr gerade 12! Eins – zwei – drei … zählt einmal alle mit *(gemeinsam bis 12 zählen)!*
Das Walpurgisfest ist leider schon zu Ende. Unser Zauberzug ist auch bereits vorgefahren und wir müssen ganz schnell zum Zug laufen *(mit der flachen Hand auf die Oberschenkel schlagen).*
Doch wir haben zu lange gefeiert. Der Zug schließt die Tür und fährt ohne uns ab. Es ist tiefe, dunkle Nacht. Nicht einmal der Mond steht am Himmel und leuchtet uns den Weg. Wir müssen nach Hause laufen! Erst laufen wir auf dem holprigen, steinigen Pfad den Berg hinunter *(mit den Füßen trappeln).*
Dann stehen wir vor einem Bach. Oje, wir sehen die Brücke nicht. Wir müssen doch ans andere Ufer! Wie kommen wir nur hinüber? Genau, wir müssen schwimmen *(Schwimmbewegungen machen)!*
Drüben angekommen schütteln wir uns erst einmal kräftig, sodass die Wassertropfen nur so fliegen.
Dann schleichen wir durch das hohe Gras und biegen die Grashalme mit unseren Händen zur Seite *(mit den Händen Schleichbewegungen andeuten und zwischendurch Armbewegungen nach links und nach rechts machen, um pantomimisch das Gras zur Seite zu biegen).*
Was hören wir da in der Ferne? Wir lauschen angestrengt *(eine Hand hinter das Ohr legen).* Es ist das Getrampel einer Herde Wildpferde *(mit den Füßen Pferdegetrappel nachmachen).*
Wir laufen schnell weiter und stehen plötzlich vor einer hohen Mauer. Keine Tür und kein Tor führen uns hindurch. Da werden wir wohl hinüberklettern müssen *(mit Händen und Füßen das Erklimmen der Mauer darstellen)!*
Geschafft! Nun sind wir bald daheim. Nur noch wenige Schritte. Schaut! Dort sind die Lichter unserer Stadt *(mit dem Finger in die Ferne zeigen).“*

9. Schlafhexe / Schlafzauberer

„Puh, das war anstrengend. Wir sind sooo müde, dass wir direkt ins Bett fallen und einschlafen.“

Alle Kinder legen sich im Stuhlkreis auf den Boden, nehmen eine bequeme Ruhestellung ein und, wer mag, schließt die Augen. Niemand darf sich bewegen oder sprechen. Die Oberhexe beobachtet die kleinen Hexen/Zauberer genau. Sobald sie sieht, dass sich ein Kind bewegt oder spricht, kichert oder blinzelt, muss es im Stuhlkreis Platz nehmen. Die Hexe/der Zauberer, die/der am längsten „schlafen“ kann, ist die Schlafhexe/der Schlafzauberer.

Zum Schluss recken und strecken sich alle, reiben ihre Augen, gähnen, und stellen fest, dass sie wieder im Kindergarten sind.

BVK KI08 • Birgitt Lokan/Helga Niggemann: Kita aktiv „Projektmappe Hexen und Zauberer“